Rechtliche Angaben

© 2023
Autor und Herausgeber: M.Eng. Johannes Wild
A94689H39927F
E-Mail: 3dtech@gmx.de

Das vollständige Impressum des Buches ist auf den letzten Seiten zu finden!

Dieses Werk ist urheberrechtlich geschützt

Achtung: Strom, besonders Wechselstrom und Starkstrom, sind lebensgefährlich. Lassen Sie praktische Arbeiten nur von fachlich dafür ausgebildeten Personen ausführen.

Vorwort

Herzlichen Dank, dass Sie sich für dieses Buch entschieden haben!

Herzlich willkommen! Suchen Sie eine einfache und verständliche Einführung in die Grundlagen der Elektrotechnik und Elektronik?

Dann sind Sie mit diesem Buch: „Elektrotechnik | Schritt für Schritt verstehen" bestens beraten! Ich bin Ingenieur (M.Eng.) und möchte Ihnen das Grundwissen der Elektrotechnik und Elektronik einfach erklärt näherbringen. Dieses Buch bietet Ihnen eine gut verständliche, intuitiv aufgebaute und praktische Einführung in die Welt der Elektrotechnik!

Was ist Strom und was ist Spannung? Was ist Ladung? Was ist Leistung? Wie funktioniert ein Elektromotor, was ist der Unterschied zwischen Gleichstrom und Wechselstrom? In diesem Handbuch der Elektrotechnik werden nicht nur diese Fragen beantwortet, sondern auch viele weitere Themen ausführlich und im Detail behandelt. Neben wichtigen Grundbegriffen und Grundprinzipien werden Sie z. B. auch lernen, wie man elektrotechnische Schaltungen analysiert, was ein Transistor (Bipolar und MOSFET) ist und wie ein Reihenschwingkreis aufgebaut ist. Wir befassen uns zudem damit, was passiert, wenn man eine Spule in einem Magnetfeld platziert und welche praktischen Anwendungen diese Grundprinzipien in unserer modernen Welt haben.

Dieses Grundlagenbuch richtet sich speziell an alle, die noch keine oder nur schulische Vorkenntnisse in Elektrotechnik und Elektronik haben oder bereits Kenntnisse haben und einen praktischen und verständlichen Ratgeber zum Thema Elektrotechnik suchen. Egal in welchem Alter Sie sind, welchen Beruf Sie haben, ob Sie Schüler, Student oder Rentner sind. Dieses Buch ist für alle, die sich mit Elektrotechnik und Elektronik auseinandersetzen möchten oder müssen.

Das Ziel dieses Buches ist, Ihnen näherzubringen, wie uns Elektrotechnik im Alltag begleitet und welche grundlegenden Prinzipien dabei ablaufen. Es ist ein Buch, das ein Verständnis für elektrotechnische Schaltungen und auch ein Verständnis für die wichtigsten Bauteile (z. B. Widerstand, Transformator, Kondensator, Diode, usw.) in der Elektrotechnik bzw. Elektronik vermittelt. Zudem lernen Sie die Grundlagen der Gleichstromtechnik und Wechselstromtechnik, deren physikalischen Hintergründe und vieles mehr! Entwickeln Sie ein Grundverständnis für Elektrotechnik und Elektronik!

In diesem Elektrotechnik-Grundkurs lernen Sie alles, was Sie als Anfänger über die Welt der Elektrotechnik und Elektronik wissen müssen! Zögern Sie deshalb nicht mehr länger, werfen Sie am besten einen Blick ins Buch und holen Sie sich Ihr Exemplar als Ebook oder Taschenbuch nach Hause!

Inhaltsverzeichnis

1 Einleitung

Was Sie in diesem Buch erwartet und was Sie lernen werden

In diesem Elektrotechnik Einsteiger-Ratgeber finden Sie eine Einführung in die Grundlagen der Elektrotechnik und Elektronik und lernen im Speziellen die grundlegenden Begriffe und Größen wie Strom, Spannung, Leistung und den Aufbau sowie die Anwendung von wichtigen Elektronik-Bauteilen wie Widerstand, Diode, Transistor, Kondensator und vieles mehr im Detail kennen. Schritt für Schritt teile ich als Ingenieur mit Ihnen mein Wissen aus Studium und Praxis, sodass Sie einerseits mit theoretischen Grundlagen, andererseits aber vor allem auch mit praktischen Beispielen einen optimalen Lernerfolg erlangen können.

In diesem Kurs, der sich speziell an Anfänger richtet, werden Sie zudem lernen, wie elektrotechnische Schaltungen aufgebaut sind und wie diese analysiert bzw. gelöst werden können. Dazu nutzen wir z. B. die Kirchhoff'schen Regeln, die wir im Detail kennenlernen werden. In Muster-Beispielen werden wir gemeinsam auch ein paar Berechnungen durchführen und wir werden in jedem Kapitel auch die mathematischen Gleichungen hinter den Grundprinzipen der Elektrotechnik kennenlernen. Je nachdem, wie tief Sie in die Materie einsteigen möchten, können Sie diese aber auch einfach nur zur Kenntnis nehmen. Dieses Buch bietet neben Gleichungen vor allem auch eine leichte und verständliche Art und Weise, um einen einfachen Einstieg in die Elektrotechnik zu erhalten und mit jedem Kapitel vertrauter mit Strom & Spannung zu werden.

Kurz zusammengefasst werden Sie in diesem Kurs Folgendes im Detail lernen:

- *Grundbegriffe und Grundgrößen der Elektrotechnik kennenlernen*
- *Elektrotechnische Schaltungen analysieren und lösen*
- *Das Ohm'sche, das Ampere'sche und das Farady'sche Gesetz*
- *Bauteile wie Widerstand, Diode (z. B. LED), Transistor, Kondensator, Transformator... und deren Funktionsweise und Anwendungsgebiete kennenlernen*
- *Den Unterschied zwischen Gleich- und Wechselstrom, sowie ein- und mehrphasigen Systemen (Stichwort: Starkstrom)*
- *Wie kommt der Strom ins Haus? Das Stromversorgungssystem kennenlernen*
- *Gleichstrom und Wechselstrommotoren und deren Aufbau / Funktionsweise*
- *und vieles mehr!*

Seien Sie gespannt! Los geht es!

2 Elektrotechnische Grundlagen & Schaltkreisanalyse

2.1 Einführung in die Elektrotechnik

Die Elektrotechnik basiert maßgeblich auf zwei grundlegenden physikalischen Größen, die man bereits in der Schule behandelt – nämlich Ladung und Energie (Arbeit). Andre Ampere war der erste, der diese Eigenschaften der Elektrizität entdeckte, die in Form von Strom und Spannung für die Analyse elektrischer und elektronischer Schaltungen verwendet werden. Es ist wichtig, zwischen diesen beiden Größen zu unterscheiden. Ohne auf die relativ komplexen Quantenprinzipien hinter der physikalischen Natur von elektrischer Ladung und Energie (Arbeit) im Detail einzugehen, werden wir diese Quantennatur in diesem Buch als gegeben annehmen und unseren Fokus stärker auf die praktische Anwendung legen. Wir beschäftigen uns zuerst mit den beiden grundlegenden Größen Ladung und Energie sowie mit dem – oft missverstandenen – Unterschied zwischen Strom und Spannung, bevor wir das Ohm'sche Gesetz kennenlernen werden. Gerade die ersten Kapitel werden etwas trockener werden, da es sich um theoretische Grundlagen handelt, die für die weiteren Kapitel notwendig sind, also halten Sie durch!

2.2 Grundlegende Größen

Die zwei grundlegenden Größen in der Elektrotechnik sind, wie bereits erwähnt: die Ladung und die Energie.

Ladung, gemessen in Coulomb (C) und beschrieben durch den Buchstaben Q (oder auch q), ist eine physikalische Größe, die die Eigenschaft besitzt, eine Kraft zu erfahren, wenn sie in ein elektromagnetisches Feld gebracht wird. Was bedeutet das und was ist ein elektromagnetisches Feld? Ein elektromagnetisches Feld setzt sich zusammen aus einem elektrischen und einem magnetischen Feld, welche miteinander gekoppelt sind. Es ist eine Art Zustand des Raums oder ein Bereich, in dem sich beschleunigte Ladungen befinden. Der Mensch kann elektromagnetische Felder mit seinen Sinnesorganen nicht differenziert wahrnehmen, mit Ausnahme des sichtbaren Bereichs, den jeder als Licht wahrnimmt. Elektromagnetische Felder sind aus der heutigen Zeit kaum noch wegzudenken, so arbeitet jede Mikrowelle, mit den gleichnamigen Mikrowellen und jedes Handy ebenfalls mit Mikrowellenstrahlung. Dazu aber später noch mehr. Es gibt zwei Arten von Ladungen: die positiven (+) und die negativen (-). Gleiche Ladungen stoßen sich ab, ungleiche Ladungen ziehen sich an. Mit Ladungen kommen wir in unserem Alltag öfter in Kontakt, als wir denken würden. Wer kennt nicht das Knistern und die zerzausten Haare, wenn man Omas Wollpullover an- bzw. auszieht. Oder den kleinen Stromschlag beim Berühren einer Türklinke oder eines Metallteils, wenn die Kombination zwischen Schuhsohle und Bodenbelag (z. B. Gummisohle und Teppich) unvorteilhaft ist. Der Ursprung für diese Alltagserfahrungen sind Ladungen. Jeder Gegenstand hat positive und negative Ladungen, die sich normalerweise im

Gleichgewicht befinden. Durch Reibvorgänge beim Anziehen oder beim Gehen wird dieses Gleichgewicht der Ladungen jedoch verschoben, es entsteht elektrische Spannung. Wenn sich die Haare beim Anziehen des Wollpullovers aufladen, bleiben sie entweder irgendwo hängen oder scheinen zu schweben, da sie sich gegenseitig abstoßen. Das passiert aufgrund der gleichen oder entgegengesetzten Aufladung (zwei gleiche Ladungen stoßen sich ab, zwei unterschiedliche Ladungen ziehen sich an).

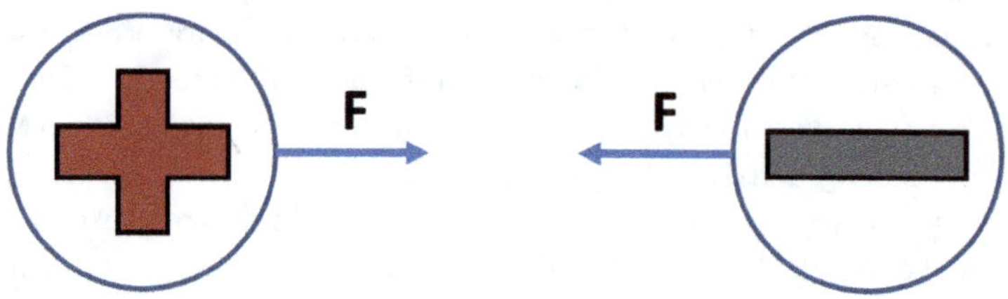

Abbildung 1: Zwei ungleiche Ladungen stoßen sich ab

Ladung ist jedoch als Größe zur Analyse von Schaltkreisen nicht geeignet. Hierfür benötigen wir vielmehr den „Strom".

In der Elektrizität ist der **Strom I** (Einheit: Ampere = $\frac{\text{transportierte Ladungsmenge}}{\text{Zeiteinheit}}$), definiert als Ladungen in Bewegung und somit eine praktikablere Größe. Ladungen in Bewegung sind ganz einfach ausgedrückt Ladungen, die pro Zeiteinheit bewegt oder transportiert werden, daher können wir Strom mathematisch ausdrücken als:

$$I(t) = \frac{dQ(t)}{dt} = \frac{C}{s} = \text{Ampere} \qquad\qquad 1\text{-}1$$

Ein Skalar (z. B. Masse, Temperatur...) ist einfach nur eine Größe, die durch die Angabe eines Zahlenwertes charakterisiert ist. Ein Vektor hingegen (z. B. Geschwindigkeit) ist eine Größe, die durch einen Zahlenwert, eine Einheit und einer Richtung beschrieben ist. Strom hat hier zwar eine Richtung, ist aber dennoch keine Vektorgröße, sondern ein Skalar. Mathematisch vereinfacht ausgedrückt können wir sagen, dass die Stromaddition (einfache Addition der Teilchen, z. B. 3 + 4 Ladungen = 7 Ladungen) nicht den Gesetzen der Vektoraddition folgt, also keine Vektorgröße sein kann.

Eine andere bekannte Größe, die **Spannung U** (Einheit: Volt = $\frac{J}{C}$) kann als Energieänderung (oder Arbeit W) einer Ladung in Bewegung aufgefasst werden. Wenn also eine Ladung von 1 Coulomb eine Energieänderung von 1 Joule erfährt, bedeutet dies, dass eine Energieänderung von 1 Volt vorliegt. Wir nennen dies auch **Potentialdifferenz.** Diese Potentialdifferenz (oder Spannung) kann in der Elektrizität mathematisch folgendermaßen beschrieben werden:

$$U(t) = \frac{dW}{dQ} = \frac{J}{Q} = Volt \qquad\qquad 1\text{-}2$$

Die Spannung hängt nun nicht von der Bewegung der Ladungen (d. h. dem Strom) ab. Das wissen wir, weil Ladungen nicht ohne Energie fließen können. Gleichzeitig kann Energie jedoch auch vorhanden sein, ohne diese Ladungen zum Fließen zu bringen. Wie kann man das verstehen? Stellen Sie sich z. B. einfach etwas vor, das so schwer ist, dass Sie es nicht heben können. Obwohl Sie es nicht anheben können, bringen Sie mit dem bloßen Versuch bereits Energie auf. D. h. Energie ist vorhanden, es findet aber eben keine Bewegung statt. In ähnlicher Weise haben in der Elektrizität sogenannte Isolatoren und offene Stromkreise zwar Spannungen, es kann aber kein Strom durch sie fließen. Zudem ist es wichtig zu verstehen, dass die Spannung (U) nicht von der Zeit (t) abhängt (siehe 1-2), wohingegen Strom (I) von der Zeit (t) abhängt (siehe 1-1).

Zusammengefasst lässt sich sagen: Ladungen in Bewegung (Strom) erfordert Energie

Zudem gilt folgender Umstand: Wenn der Wert bzw. die Menge ($q = n \cdot e$) einer Ladung (Coulomb) zunimmt, wird mehr Energie benötigt, damit die Ladungen die gleiche Strecke in einer Sekunde zurücklegen können. In obiger Beziehung ist 'n' die Anzahl der Teilchen und 'e' die Ladung eines Elektrons. Mit zunehmender Anzahl steigt also der Wert der Ladung, und es wird mehr Energie benötigt, um die gleiche Strecke in der gleichen Zeit zurückzulegen.

2.3 Leistungsgleichung und Ohm'sches Gesetz

Eine allgemeinere Größe, die **Leistung P** (Einheit: Watt), ist definiert als Arbeit pro Zeiteinheit und ist im Allgemeinen praktischer zu nutzen, da sie die Zeit miteinbezieht. Die Leistung ist also die Arbeit, die an einer Ladung in einer Zeiteinheit verrichtet wird. Anders ausgedrückt können wir es auch als die Energie von einer bestimmten Anzahl an Ladungen (n-Ladungen) in Bewegung (Strom) definieren:

$$P = \frac{dW}{dt} = \frac{dQ}{dt} \cdot \frac{dW}{dQ} = U \cdot I \qquad\qquad 1\text{-}3$$

Wir messen elektrische Leistung (P) in J/s, oder auch $V \cdot A$, was gleichbedeutend mit der Einheit Watt ist, benannt nach dem schottischen Entdecker James Watt.

Die Einheit der Leistung wird wie viele andere Einheiten (SI-Einheiten) also mit der Zeiteinheit <u>Sekunde</u> definiert. In unserem alltäglichen Leben ist die Zeiteinheit <u>Stunde</u> jedoch oft praktischer. Deshalb wird im Alltag für die **Energie** die Einheit: kWh, das heißt 1000 Watt mal 1 Stunde, verwendet. Sie kann als Leistung (Erzeugung/Verbrauch) für eine Stunde gesehen werden. 1 kWh ist also die Energie, die ein Gerät mit einer Leistung von 1.000 Watt in einer Stunde aufnimmt oder abgibt. Um es noch einfacher auszudrücken: Wenn eine Glühbirne, mit 20 W, 50 Stunden lang ununterbrochen läuft, verbraucht diese eine Energie von 1 kWh ($20 \cdot 50 = 1000$). Für diese Glühbirne bedeutet 20 W den Energieverbrauch von 20 J in 1 Sekunde, und 1 kWh bedeutet eben den Verbrauch von 20 W Leistung für 50 Stunden.

Die Wechselwirkung von Spannung und Leistung ist eine wichtige Beziehung bei der Analyse von elektrischen Schaltungen. Es gibt noch eine weitere wichtige Beziehung, die wir uns im Folgenden kurz ansehen möchten, damit wir mit der Kombination dieser beiden Beziehungen jedes Schaltungsproblem lösen können.

Stellen Sie sich vor, Strom (I) fließt in einem Leiter unter dem Einfluss einer Spannung (U). In diesem Szenario kollidieren die Ladungsteilchen dieses Stroms (I) miteinander und manchmal auch mit den Wänden des Leiters. Diese Kollision der Ladungen entwickelt einen **Widerstand R** in ihrem Fluss (gemessen in Ohm bzw. Ω), und wenn dieser Widerstand zunimmt, verlangsamen sich die Ladungen (Stromabnahme). Da die Spannung U direkt proportional zum Strom I ist, lautet die mathematische Definition also:

$$V \propto I \Rightarrow U = R \cdot I \qquad\qquad\qquad 1\text{-}4$$

„R" ist die Proportionalitätskonstante von Strom und Spannung, „$\propto$" bedeutet direkt proportional.

Nun wollen wir diese Gleichung, welche auch als das Ohm'sche Gesetz bezeichnet wird, mit der Leistungsgleichung in Beziehung setzen. Betrachten Sie dazu z. B. einfach eine 200-W-Glühbirne im Vergleich zu einer 100-W-Glühbirne. Da die 200-W-Glühbirne logischerweise (200W > 100W) mehr Leistung hat, fließt mehr Strom durch diese hindurch, und aus (1-4) ergibt sich ein geringerer Widerstand (1-5). Die Pfeile stehen dafür im Folgenden für eine Verstärkung oder Abschwächung der einzelnen Größen.

$$P \uparrow = U \cdot I \uparrow \text{ und } R \downarrow = \frac{U}{I \uparrow} \qquad\qquad 1\text{-}5$$

Dies kann zunächst etwas verwirrend sein, da es für den Anfang schwer vorstellbar ist, wie eine Erhöhung des Stroms den Widerstand verringern kann. Normalerweise könnte man sich denken, dass bei einer Erhöhung des Stroms mehr Teilchen miteinander kollidieren und daher mehr Widerstand vorhanden sein **sollte**. Dem ist aber nicht so! Hier kann man mit Hilfe von ein wenig Nachdenken darüber, wie Strom direkt mit Leistung und umgekehrt mit Widerstand zusammenhängt, ein gutes Verständnis dafür entwickeln.

Bevor wir uns mit dem ersten Stromkreis befassen, lernen wir noch eine weitere Größe kennen, den **Leitwert G**, kennen. Als Leitwert wird der Kehrwert des Widerstands bezeichnet ($G = \frac{1}{R}$). Der Leitwert wird verwendet, um eine Vorstellung von der elektrischen Leitfähigkeit eines Materials zu bekommen. Leitfähigkeit und Widerstand sind Überbegriffe, da verschiedene Materialien unterschiedliche Fähigkeiten haben.

Der **spezifische Widerstandswert** (ρ; *gesprochen: rho*) und die **Leitfähigkeit** ($\frac{1}{\rho}$) werden oft in praktischen Fällen verwendet, wenn der Widerstand eines bestimmten Materials benötigt wird. Die folgende Gleichung setzt den Widerstand mit dem spezifischen Widerstandswert in Beziehung:

$$R = \rho \cdot \frac{L}{A} \qquad\qquad 1\text{-}6$$

Diese Gleichung (1-6) besagt im Grunde nur, dass der Widerstand eines Bauteils von dem spezifischen Widerstandswert (ρ), welcher für jedes Material in Form eines festen Wertes definiert ist, und der Länge des Leiters sowie der Fläche des Leiterquerschnitts (z. B. Kabelquerschnitt) abhängt.

Mit Hilfe von Gleichung 1-3 und 1-4 können wir noch weitere Beziehungen mithilfe der Leistung ableiten, die diese mit dem Widerstand in Beziehung setzt. Zum Beispiel:

$$P = U \cdot I = U \cdot \frac{U}{R} = \frac{U^2}{R} = \frac{I^2 \cdot R^2}{R} = I^2 \cdot R \qquad\qquad 1\text{-}7$$

Was ist ein Stromkreis? Ein Stromkreis ist einfach gesagt eine Anordnung von verschiedenen Bauteilen mit einer elektrisch leitenden Verbindung zwischen diesen Bauteilen. Damit eine elektrische Schaltung oder ein Stromkreis funktioniert, benötigt man eine Energiequelle / Stromquelle, also z. B. eine Batterie und einen Verbraucher, z. B. eine Glühbirne, sowie Verbindungen zwischen diesen beiden Bauteilen, die man als Leiter bezeichnet. Diese Bauteile werden in der Elektrotechnik in einem Stromkreis oder einer Schaltung als Symbolzeichen dargestellt.

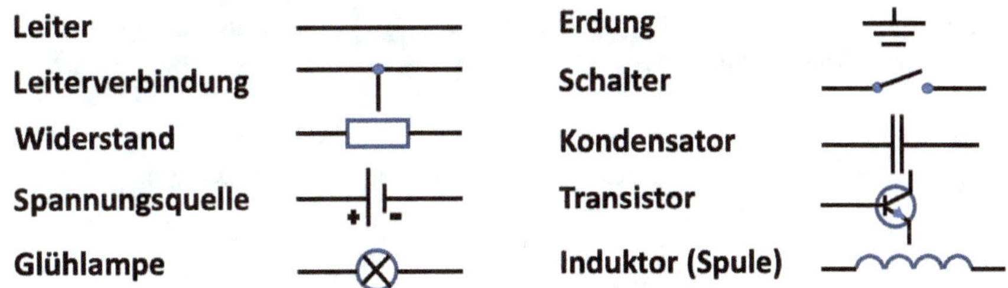

Abbildung 2: Die wichtigsten Schaltsymbole

Damit nun z. B. eine Lampe, wie in Abbildung 3 dargestellt, leuchtet, muss der **Stromkreis geschlossen** sein, d. h. es muss eine Verbindung zwischen den beiden Polen (+ und -) einer Stromquelle (z. B. Batterie) und der Glühlampe vorhanden sein. Wenn das der Fall ist, fließt Strom von einem Pol der Stromquelle (z. B. Batterie) durch die Glühlampe hindurch und zurück zum anderen Pol der Stromquelle. Wenn diese Verbindung getrennt wird, z. B. durch einen Schalter, fließt kein Strom mehr und die

Lampe leuchtet nicht mehr. In diesem Fall spricht man von einem **offenen Stromkreis**. Ein **Kurzschluss** kommt zustande, falls der Strom ungehindert und ohne, dass er zuvor durch ein elektrisches Bauteil fließt, von einem Pol der Stromquelle zum anderen Pol fließen kann (z. B. durch eine unisolierte Stelle eines Kabels auf einer Metalloberfläche). Der Strom nimmt nämlich immer den Weg des geringsten Widerstands.

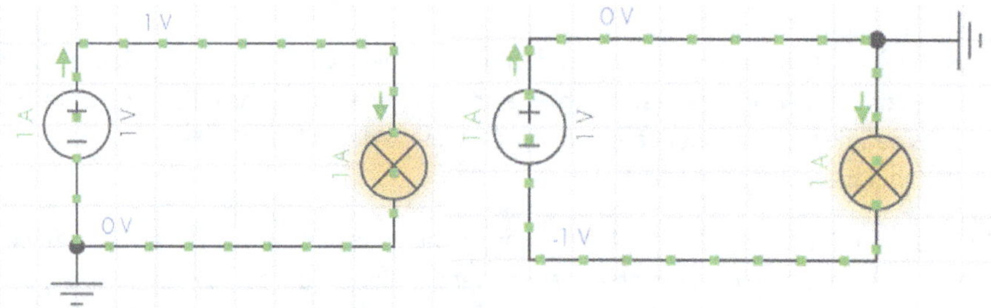

Abbildung 3: Stromkreise mit Batterie (+ / - Symbol) und Lampe (gelb)

<u>Muster-Beispiel 1</u>

Wie groß ist der Widerstand bei gegebener Spannung U = 230 V und Stromstärke I = 16 A?

Mit dem ohmschen Gesetz $R = \frac{U}{I}$ gilt:

$$R = \frac{U}{I} \rightarrow R = \frac{230\,V}{16\,A} = 14{,}375\,\Omega$$

Wie groß ist der Widerstand bei gegebener Spannung U = 230 V aber unbekannter Stromstärke? Die Leistung beträgt 250 W.

Bei bekannter Leistung (unbekannte Spannung oder unbekannte Stromstärke), kann man diese Kombination aus Leistungsgleichung und ohmschem Gesetz verwenden:

$$R = \frac{U^2}{P} \rightarrow R = \frac{(230\,V)^2}{250\,W} = \frac{52.900\,V^2}{250\,VA} = 211{,}6\,\frac{V}{A} = 211{,}6\,\Omega$$

Hinweis: Falls statt der Spannung die Stromstärke bekannt ist, nutzt man: $R = \frac{P}{I^2}$

Im Nachfolgenden werden wir bei der Analyse von Schaltungen und den sogenannten Kirchhoff'schen Gesetzen sehen, wie die Gleichung 1-3 verwendet werden kann und anschließend anwendungsbezogene Problemstellungen der Serien-Parallelschaltung besprechen, die auf Gleichung 1-4 beruhen . Diese beiden Gleichungen sind, wie wir im

Folgenden erkennen werden, die Grundlage der Schaltungsanalyse. Deshalb war es so wichtig, diese Gleichungen in diesem ersten Abschnitt zu besprechen. Falls Sie diese Grundgleichungen noch nicht ganz verstanden haben, lesen Sie den ersten Abschnitt am besten noch einmal kurz durch, sodass Sie für das Lösen der nachfolgenden Problemstellungen ein gutes Verständnis entwickeln können.

2.4 Die passive Vorzeichenkonvention

Bevor wir uns an ein paar praktische Beispiele von elektronischen Schaltungen wagen und diese analysieren werden, beschäftigen wir uns in diesem Kapitel zuerst noch mit den Vorzeichen und der sogenannten Zeichenkonvention. In der Schaltungsanalyse verwenden Elektroingenieure eine Vorzeichenkonvention (passiv oder aktiv) für die Übereinstimmung von Vorzeichen (also + bzw. -) in den Berechnungen.

Die **passive Vorzeichenkonvention** ist die am häufigsten verwendete Konvention, daher werden wir diese auch in diesem Buch für die Analyse von Schaltungen verwenden. Die passive Vorzeichenkonvention besagt einfach nur, dass **die Leistung von passiven Elementen (also von Bauteilen, die Leistung aufnehmen – z.B. Lampen oder Motoren) positiv („+" als Vorzeichen) und von aktiven Elementen (also Bauteile, die Leistung abgeben – z. B. eine Batterie oder ein sich entladender Kondensator) negativ („-" als Vorzeichen) ist.** Das heißt für Gleichung 1-3 ($P = U \cdot I$), dass ein Gerät Leistung aufnimmt, wenn die Vorzeichen von Spannung und Strom übereinstimmen („+" mal „+" ergibt „+"; „-" mal „-" ergibt ebenfalls „+"). Wenn die Vorzeichen von Spannung und Strom unterschiedlich sind („+" mal „-" ergibt „-"; gilt für beide Richtungen), gibt ein Gerät Leistung ab.

Die positiven und negativen Vorzeichen von Spannung und Strom bedeuten, dass diese mit der **Referenzrichtung** übereinstimmen bzw. eben nicht übereinstimmen. Das heißt, ob sich Strom und Spannung in Richtung der Referenz bewegen oder von dieser wegbewegen. Die Referenz wird oft als **Masse** ⏚ bezeichnet und oft zugleich als elektrischer Minuspol gesehen. Die Referenz ist wie ein Ursprung (mit dem Wert Null) und dient bei Berechnungen als Ausgangspunkt. Um dies zu verdeutlichen, sehen wir uns ein kleines Beispiel anhand von Abbildung 3 aus dem vorherigen Kapitel an.

In Abbildung 3 (wir betrachten die linke Seite) ist für die Spannungsquelle, welche durch das Batteriesymbol dargestellt wird, der Strom *negativ*, da er weg von der Referenz (Masse ⏚; siehe grüne Pfeile), also in negative Richtung, fließt. Warum fließt der Strom gerade in diese Richtung? Weil der technische Strom immer von „+" nach „-" fließt. Die Spannung hingegen ist *positiv*, da das negative Vorzeichen der Spannungsquelle mit der Referenz übereinstimmt, und somit die Leistung P (= $+U \cdot -I$) negativ ist.

Auf die gleiche Weise ist für die Lampe (ein passives Element) die Spannung *positiv* (stimmt mit der Referenz überein) und der Strom ist ebenfalls *positiv* (bewegt sich in Richtung Referenz), und somit ist die Leistung P (=$+U \cdot +I$) positiv. Die Lampe nimmt gemäß Konvention Leistung auf. Die passive Vorzeichenkonvention ist recht intuitiv und deshalb wird sie häufig verwendet. Ganz einfach gesagt ist hier der konventionelle Strom negativ, wenn er von der negativen zur positiven Seite der Batterie bewegt wird, was bedeutet, dass Arbeit an ihm verrichtet wird.

2.5 Analyse von Gleichstrom-Schaltungen

In diesem Abschnitt werden wir einige häufig verwendete Methoden (Kirchhoff'sche Gesetze, Maschenstromanalyse, Knotenspannungsanalyse) zum Lösen von Schaltungen behandeln. Lösen von Schaltungen bedeutet, die unbekannten und gewünschten Parameter wie Spannungen und Ströme aus bereits bekannten / vorgegebenen Werten zu berechnen. Wir beginnen zuerst mit den Schaltkreis-Begriffen und lernen dann die einzelnen Gesetze und Methoden auf intuitive Weise kennen. In diesem Abschnitt befassen wir uns zunächst mit **Gleichstrom** (engl.: DC). Es gibt auch noch den **Wechselstrom** (engl.: AC). Der Unterschied zwischen Gleichstrom und Wechselstrom besteht im Grunde darin, dass Gleichstrom immer in die gleiche Richtung fließt. Die Richtung von Wechselstrom ändert sich hingegen, wie wir in einem der nächsten Kapitel noch detaillierter sehen werden. Übrigens gibt es auch noch den sogenannten **Mischstrom**, der sich aus einem Gleichstrom und einem Wechselstromanteil, also einer Überlagerung, ergibt. Diesen werden wir hier aber nicht behandeln.

2.5.1 Begriffe in Schaltkreisen

Elektrische Bauteile kann man als eine Art kleiner Geräte ansehen (z. B. Batterie oder Kondensator), die als eine vom Rest des Stromkreises getrennte Einheit behandelt werden. Jedes Element hat eigentlich einen gewissen eigenen Widerstand durch das Material und die enthaltenen Drähte. Wir verwenden aber bei der Analyse von Schaltkreisen **idealisierte Elemente (lumped elements)**. Ein idealisiertes Element ist einfach nur ein Bauteil, das aus zwei Anschlüssen besteht, die so kurz sind, dass der Widerstand durch den Leitungsdraht gleich null ist.

In einer elektrischen Schaltung ist ein **Knoten** ein Punkt, der zwei elektrische Elemente trennt. Es gibt **Maschen oder Schleifen**, in denen der Strom von einem Punkt ausgeht, einer Kreisbahn folgt und zurückkehrt. In Abbildung 4 (nächstes Kapitel) stellen die Punkte „A", „B", „C" und „G" (Masse) Knotenpunkte dar. Auf die gleiche Weise stellen die Ströme „A" und „B" (blau) zwei Schleifen dar.

Ein Element kann **linear oder nicht-linear** sein. Ein Element ist linear, wenn des dem ohmschen Gesetz, also der Strom-(I)-Spannung-(U)-Beziehung folgt (z. B. einfacher Widerstand). Halbleiterbauelemente wie Transistoren, welche wir in einem der nächsten Kapitel kennenlernen werden, folgen <u>nicht</u> dem Ohm'schen Gesetz und fallen deshalb in die Kategorie der nicht-linearen Elemente. In diesem Kapitel werden wir aber nur Schaltungen mit linearen Elementen analysieren.

Ein elektrischer Schaltkreis besteht aus **passiven und aktiven Elementen**, die als Geräte definiert sind, die Strom verbrauchen (z. B. Lampe) bzw. abgeben (z. B. Batterie). Das haben wir auch bereits bei der passiven Zeichenkonvention so kennengelernt. Einige aktive Elemente hängen zudem von anderen Stromquellen ab und werden deshalb als **abhängige Quellen** bezeichnet. Abhängige Quellen werden normalerweise für die Analyse von Verstärkern verwendet und arbeiten daher mit einem Verstärkungsterm, der multipliziert, mit dem Strom / der Spannung einer unabhängigen Quelle multipliziert wird. In der einfachen Analyse verwenden wir nur **unabhängige Quellen** und behandeln die passiven Elemente mithilfe der bereits kennengelernten Gleichungen.

2.5.2 Die zwei Kirchhoff'schen Gesetze (KCL & KVL)

Für die Analyse von Schaltungen bedient man sich der Kirchhoff'schen Gesetze, die wir in diesem Kapitel kennenlernen werden. Wie wir bereits wissen, ist in einem elektrischen Leiter der Strom einfach nur der Fluss von Ladungen. **Das Kirchhoff'sche Stromgesetz (KCL)** ist nun einfach gesagt folgendermaßen definiert: **Die Summe aller Ströme, die in einem Knoten fließen, ist immer Null.** Wie können wir dieses Gesetz auf unsere Schaltung aus Abbildung 4 anwenden? Mithilfe der Gleichung 1-8, die wir ganz einfach folgendermaßen für den Knotenpunkt "A" aufstellen können: Es fließt ein Strom I_{CA} vom Knoten „C" in Richtung des Knotens „A", deshalb schreiben wir $+I_{CA}$ und zwei Ströme I_{AG} & I_{AB} bewegen sich vom Knoten „A" weg, deshalb ergänzen wir $-I_{AG}$ sowie $-I_{AB}$. Wie Sie jetzt vielleicht schon bemerkt haben, werden wir in diesem Buch die Ströme, die sich in Richtung der Knoten bewegen, mit einem positiven Vorzeichen ausstatten und die Ströme, die sich von einem Knoten wegbewegen, werden ein negatives Vorzeichen erhalten.

$$I_{CA} - I_{AG} - I_{AB} = 0 \Rightarrow I_{CA} = I_{AG} + I_{AB} \qquad \text{1-8}$$

Wenn wir die Gleichung 1-8 umstellen, können wir zudem sehen, dass sich der Strom I_{CA} aus der Addition der beiden anderen Ströme ergibt. Zum Lösen dieser Schaltung benötigen wir also nur die Werte dieser Ströme.

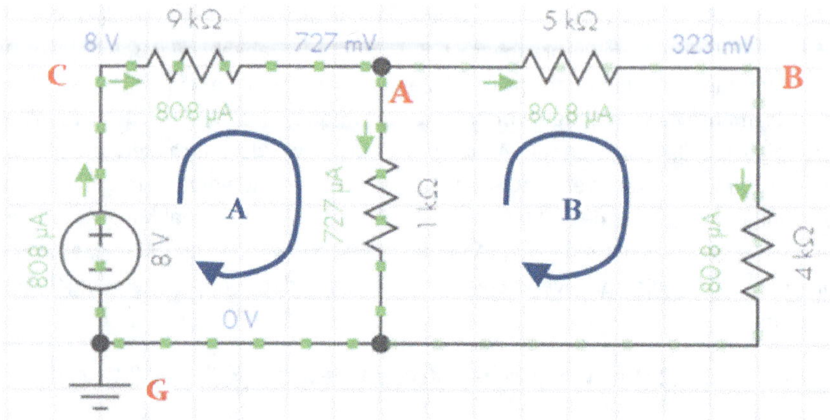

Abbildung 4: Ein Stromkreis mit einer Spannungsversorgung, vier Widerständen, zwei Schleifen (blau) und 3+1 Knotenpunkten (rot)

Das **Kirchhoff'sche Spannungsgesetz (KVL)** ist dem Stromgesetz recht ähnlich, es ist vereinfacht gesagt definiert als: **Die Summe der Spannungen in einer Schaltung ist immer Null**. Das bedeutet, dass sich in jeder Schaltung die Spannung der passiven Elemente immer mit der Spannung der aktiven Elemente ausgleicht, sodass ihre Summe immer gleich null ist. Gemäß der passiven Vorzeichenkonvention ist die Spannung der Stromquelle als negativ definiert. In einer Gleichung ausgedrückt lautet dieses Spannungsgesetz also für die Schaltung in Abb. 4:

$$U_{CA} + U_{AB} + U_{AG} + U_{BG} - U_{CG} = 0$$
$$\Rightarrow U_{CA} + U_{AB} + U_{AG} + U_{BG} = U_{CG}$$

1-9

2.5.3 Die Maschenstromanalyse

Die Maschenstromanalyse ist eine Methode, die das zuvor kennengelernte Kirchhoff'sche Spannungsgesetz (KVL), zum Lösen von Variablen in einer Schaltung verwendet. Wenn in unserem Beispiel die unbekannten Schleifenströme („A" und „B" in blau – Abbildung 4) mit Widerständen multipliziert werden (Stichwort: Ohm'sches Gesetz), ergibt die Summe der resultierenden Spannungen aller Elemente gleich null. Sehen wir uns das anhand einer Berechnung unseres Beispiels an:

<u>Muster-Beispiel 2</u>
Ermitteln Sie mithilfe der Maschenstrommethode alle unbekannten Variablen der Schaltung in Abbildung 4, wenn nur die Quellenspannung (8 V) und die Widerstände (1, 9, 5 und 4 kΩ) gegeben sind.

<u>Schleife A:</u>

Es gibt hier drei Elemente mit zwei Strömen (I_A und I_B), die durch einen 1 kΩ-Widerstand fließen. Für Schleife A ist I_A aufgrund der passiven Vorzeichenkonvention in dieser

Schleife positiv, während I_B negativ ist, und wir können die KVL-Gleichung wie folgt aufstellen:

$$-8\,V + I_A \cdot 9\,k\Omega + I_A \cdot 1\,k\Omega - I_B \cdot 1\,k\Omega = 0$$
$$\Rightarrow 10\,k\Omega \cdot I_A - 1\,k\Omega \cdot I_B = 8\,V \qquad\qquad (1)$$

Schleife B:

$$I_B \cdot 1\,k\Omega - I_A \cdot 1\,k\Omega + I_B \cdot 5\,k\Omega + I_B \cdot 4\,k\Omega = 0$$
$$\Rightarrow 10\,k\Omega \cdot I_B - 1\,k\Omega \cdot I_A = 0 \qquad\qquad (2)$$

(1) mit (2) lösen indem man (2) nach I_B auflöst und in (1) einsetzt:

$$I_B = \frac{1\,k\Omega \cdot I_A}{10\,k\Omega} \quad\blacktriangleright\quad \text{in (1): } 10\,k\Omega \cdot I_A - 1\,k\Omega \cdot \frac{I_A}{10} = 8\,V$$

$$\Rightarrow \frac{100}{10}\,k\Omega \cdot I_A - \frac{1}{10}\,k\Omega \cdot I_A = 8\,V \Rightarrow 9{,}9\,k\Omega \cdot I_A = 8\,V \Rightarrow I_A = 8\,V\,/\,9900\,\Omega \Rightarrow I_A = 0{,}000808\,A$$
$$= 0{,}808\,mA = 808\,\mu A$$
$$\Rightarrow U_{CA} = 808\,\mu A \cdot 9\,k\Omega = 7{,}272\,V$$

und mit (2)

$$I_B = \frac{1\,k\Omega \cdot 0{,}000808\,A}{10\,k\Omega} = 0{,}0000808\,A = 0{,}0808\,mA = 80{,}8\,\mu A$$
$$\Rightarrow U_{AB} = 80{,}8\,\mu A \cdot 5\,k\Omega = 0{,}404\,V$$
$$\Rightarrow U_{BG} = 80{,}8\,\mu A \cdot 4\,k\Omega = 0{,}3232\,V$$

Die Spannung im mittleren Widerstand ist:

$$I_{AG} = I_1 - I_2 = (808 - 80{,}8)\,\mu A = 727{,}2\,\mu A$$
$$\Rightarrow U_{AG} = 727{,}2\,\mu A \cdot 1\,k\Omega = 0{,}7272\,V$$

Man beachte, dass die Summe aller Ströme eines Knotens ebenfalls gleich null ist. Das hilft uns bei der Überprüfung unserer Ergebnisse. Beachten Sie beim Rechnen unbedingt die Einheiten!

2.5.4 Die Knotenspannungsanalyse (Nodalanalyse)

Wir können im obigen Beispiel feststellen, dass eine Elementspannung gleich der Differenz seiner Anschlussknoten sein kann. Zum Beispiel ist U_{CA} gleich $U_C - U_A = 8\,V - 0{,}7272\,V = 7{,}272\,V$ (siehe auch Abb. 4). Diese Aussage bildet die Basis der **Knotenspannungsanalyse**. In unserem Fall können wir verallgemeinert schreiben:

$$U_{CA} = U_{CG} - U_{AG} = U_G - U_A \qquad\qquad 1\text{-}10$$

Bei der Knotenspannungsanalyse lösen wir, anders als bei der Maschenstromanalyse von vorhin, Schaltungen mit dem Kirchhoff'schen Stromgesetz (KCL). Wenn wir die Ströme, die in jedem Knoten fließen, ermitteln, erhalten wir Knoten-Gleichungen, die uns dann die gewünschten Ergebnisse liefern, wenn diese gelöst sind. Für die Schaltung in Abbildung 4 sind drei (4 - 1 = 3) unabhängige Gleichungen zu lösen. Es gibt 4 Knoten, aber wir schließen den Masseknoten „G" aus, da er keine unabhängige Gleichung darstellt. Diese drei Gleichungen genügen zur Lösung von den drei unbekannten Variablen: U_A, U_B und U_C. Diese Gleichungen für die Schaltung in Abbildung 4 lauten:

Knoten A:	$I_{CA} - I_{AG} - I_{AB} = 0$
Knoten B:	$I_{AB} - I_{BG} = 0$
Knoten C:	$I_{GC} - I_{CA} = 0$

Wie Sie erkennen können, haben wir hier die passive Vorzeichenkonvention für die Vorzeichen der Ströme verwendet. Ströme, die sich in Richtung der Referenzen (Knoten A, Knoten B und Knoten C) bewegen, sind positiv und Ströme, die sich von den Referenzen entfernen, sind negativ. Schließlich können wir das Ohm'sche Gesetz $I = \frac{U}{R}$ und Gleichung 1-10 für die Lösung der Spannung an den drei Knoten verwenden. Wie es jedoch einfacher geht, sehen wir im nächsten Kapitel!

2.5.5 Äquivalente Schaltungen – Ersatzschaltungen

Mit Hilfe von den zuvor kennengelernten zwei einfachen Regeln können wir jede elektrische Schaltung analysieren. Aber manchmal kann es mühsam sein, für jede Schaltung eine Gleichung zu lösen, wie es z. B. bei unserem Beispiel aus Abbildung 4 der Fall ist. Hier ist es viel einfacher, Ersatzschaltungen zu verwenden. Ersatzschaltungen reduzieren komplexe Schaltungen in eine einfache Form, um die Berechnung zu erleichtern. Die Schaltung in Abbildung 4, kann z. B. auf eine einzelne Spannungsquelle und einen Widerstand reduziert werden. Dazu nutzen wir sogenannte Reihen- und Parallelschaltungen.

Eine **Reihenschaltung** ist eine Schaltung, in der zwei Elemente einen gemeinsamen Knoten haben oder einfacher gesagt in Reihe angeordnet sind, während in einer **Parallelschaltung jedes Element** zwei eigenständige Anschlussknoten hat oder einfacher gesagt, die Elemente parallel angeordnet sind. Abbildung 4 zeigt Widerstände, die in Reihe und parallel geschaltet sind. Manchmal kann es schwer zu beurteilen sein, ob die Elemente in Reihe oder parallel geschaltet sind. Die oben erwähnten Definitionen anhand von Knoten können uns jedoch bei der Bewältigung solcher Situationen helfen.

2.5.6 Eigenschaften von Reihen/Serien- und Parallelschaltung

Wenn wir uns Widerstände vorstellen, die in Reihe oder auch in Serie geschaltet sind, würde jeder Widerstand den Stromfluss behindern, wenn der Strom durch ihn hindurchfließt. Den Gesamtwiderstand oder auch **Ersatzwiderstand** der einzelnen Widerstände in einer Reihenschaltung erhält man also, indem man die einzelnen Widerstände addiert. In einer Parallelschaltung von Widerständen teilt sich der Strom einfach ausgedrückt in jedem Pfad auf. Die Summe der Leitwerte (der Leitwert ist der

Kehrwert eines Widerstands, also 1/R) der einzelnen Pfade ist also gleich dem Gesamtleitwert.

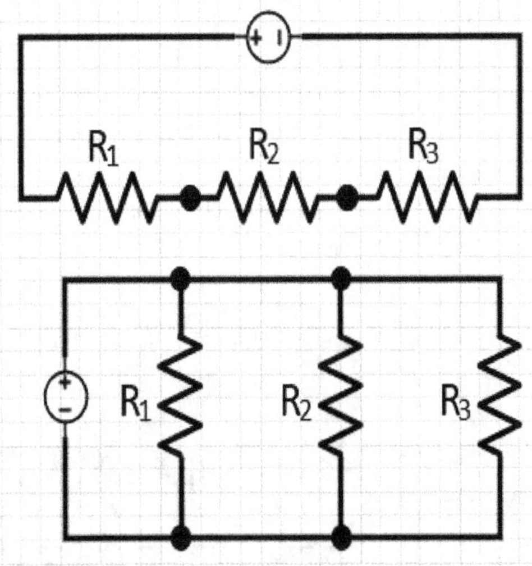

Abbildung 5: In Reihe (oben) und parallel geschaltete Widerstände (unten)

SERIE: $$R_{gesamt} = R_1 + R_2 + R_3$$ 1- 11

PARALLEL: $$G_{gesamt} = G_1 + G_2 + G_3$$ 1- 12

$$\Rightarrow \frac{1}{R_{gesamt}} = \frac{1}{R_1} + \frac{1}{R_2} + \frac{1}{R_3} \; ; bei \; zwei \; Widerständen: \frac{R_1 \cdot R_2}{R_1 + R_2}$$

In unserem Beispiel aus Abbildung 4 sind die Widerstände mit 5 kΩ und 4 kΩ (rechter Bereich) in Reihe miteinander geschaltet und diese Reihenschaltung ist parallel geschaltet mit dem 1 kΩ Widerstand (mittlerer Bereich). Zudem ist ein 9 kΩ Widerstand (links oben) nochmals in Reihe dazu geschaltet. Mit diesen Formeln können wir die Schaltung in Abbildung 4 also wie folgt reduzieren (Anmerkung: || steht für parallel):

$$R_{gesamt} = ((5k\Omega + 4k\Omega)||(1k\Omega)) + 9k\Omega = (9k\Omega||1k\Omega) + 9k\Omega$$
$$\Rightarrow (\frac{9 \, k\Omega \cdot 1 \, k\Omega}{9 \, k\Omega + 1 \, k\Omega}) + 9k\Omega = 9{,}9 \, k\Omega$$

Durch Multiplikation der Gleichungen 1-11 & 1-12 mit der Spannung können wir erkennen, dass sich **in der Reihenschaltung die Spannung addiert, während sich in der Parallelschaltung der Strom addiert.** Das ist leicht nachvollziehbar, wenn man bedenkt, dass jeder Widerstand die Energie des Stroms verringert und der Strom in einer

Parallelschaltung verschiedene Wege nimmt, die Summe daraus muss dabei aber wiederum dem Gesamtstrom entsprechen, letztendlich teilt sich der Strom ja nur auf, wird jedoch nicht mehr. Da in der Parallelschaltung der Leitwert des Pfades, mit dem geringsten Widerstand, am größten ist, fließt auch mehr Strom durch diesen Pfad. Wenn alle drei Widerstände gleich sind, fließt eine gleiche Menge Strom durch alle drei. Im Allgemeinen ist es für die Analyse einer Schaltung, wie in der Parallelschaltung praktischer, einfach die Gleichungen 1-11 & 1-12 anzuwenden, anstatt die Knoten- oder Netzanalyse durchzuführen. Zeichnen Sie dazu die Schaltungen neu und verwenden Sie das Ohm'sche Gesetz für die Unbekannten. Sehen wir uns das zur Verdeutlichung an dem folgenden Beispiel an:

<u>**Muster-Beispiel 3**</u>
Berechnen Sie den Ersatzwiderstand, wenn der Wert jedes Widerstands im Würfel der unten stehenden Abbildung "R" ist.

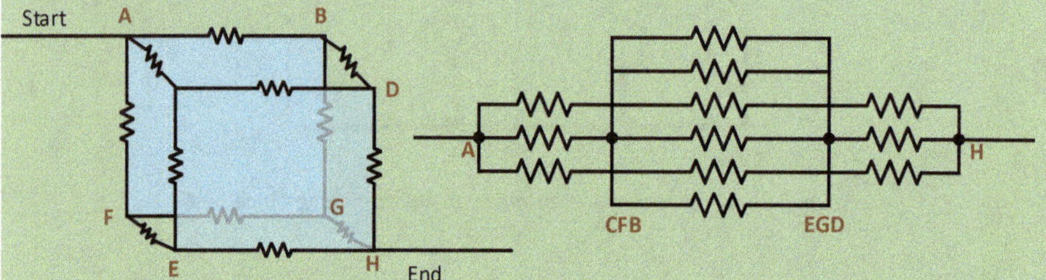

Wir können diesen Würfel in ein Ersatzschaltbild umwandeln, wie es auf der rechten Seite der Abbildung dargestellt ist. Jetzt können wir sehen, dass die Widerstände in Reihe und parallel geschaltet sind. Daher können wir nun die entsprechenden Gleichungen für den Ersatzwiderstand (R_{eq}) aufstellen.

Von A-(CFB):

$$\frac{1}{R_{eq_1}} = \frac{1}{R} + \frac{1}{R} + \frac{1}{R}$$

$$\Rightarrow R_{eq_1} = \frac{R}{3}$$

Beachten Sie, dass für 'n' parallel geschaltete Widerstände das Äquivalent gleich R/n ist, da sich der Gesamtstrom gleichmäßig auf jeden Pfad verteilt.

Von CFB-EGD:

$$R_{eq_2} = \frac{R}{6}$$

Von EDG-H:

$$R_{eq_3} = \frac{R}{3}$$

Wir sehen also, dass alle in Reihe geschaltet sind:

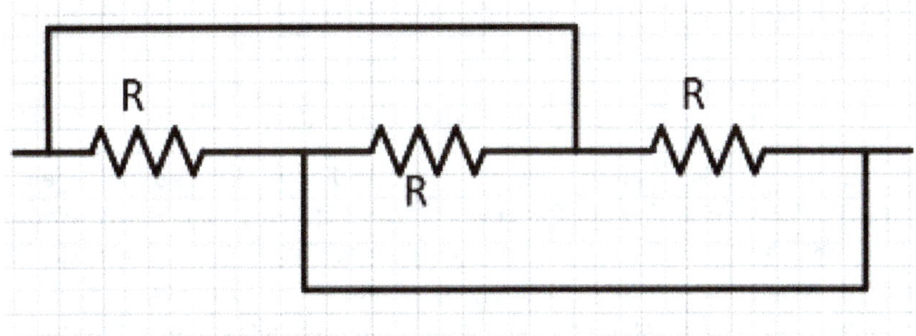

ergibt: $$R_{eq} = R_{eq_1} + R_{eq_2} + R_{eq_3} = \frac{2R}{3} + \frac{R}{6} = \boxed{\frac{5R}{6}}$$

Da die Schaltung im obigen Beispiel inzwischen in einen einzelnen Ersatzwiderstand umgewandelt wurde, können wir das Ohmsche Gesetz ($U = R \cdot I$ bzw. umgeschrieben $R = \frac{U}{I}$ bzw. I = $\frac{U}{R}$) verwenden, um Spannung oder Strom zu ermitteln. Wenn zum Beispiel die angeschlossene Spannungsversorgung 12 V beträgt, dann ist der Strom $I = \frac{12V}{\frac{5R}{6}} = \frac{12V}{5R} \cdot 6$. „R" ist dabei ein fiktiver Platzhalter für einen Widerstandswert.

Diese Methode ist recht einfach, manchmal kann es aber auch schwierig werden, eine Schaltung neu zu zeichnen. Als Übung können Sie sich überlegen, wie die Widerstände der Schaltung in Abbildung 6 geschaltet sind.

Abbildung 6: Wie sind diese Widerstände geschaltet?

Wir können nicht alle Probleme mit äquivalenten bzw. Ersatzwiderständen lösen. Deshalb ist es wichtig, die bereits vorgestellten KCL- und KVL-Analysetechniken zu kennen. Zudem gibt es weitere Theoreme oder auch Beziehungen, die Ingenieure zur Erleichterung von Problemlösungen gefunden haben. In diesem Abschnitt möchten wir noch die **Spannungs- und Stromteilerregel** kennenlernen, bevor wir dann zum nächsten Kapitel, der Elektronik, übergehen. Neben der Spannungs- und Stromteilerregel gibt es übrigens auch noch die Thevinen-, Norton- und Superpositions-Theoreme, welche ebenfalls häufig Anwendung in der Analyse finden. Diese liegen jedoch außerhalb des Rahmens dieses Einsteiger-Buches und werden daher nicht behandelt.

Um das Konzept von Spannungs- und Stromteilerregel kennenzulernen, betrachten wir folgendes Problem: Die Spannung teilt sich in einer Reihenschaltung, da die Widerstände die Energie der fließenden Ladungen behindern, aber um wie viel teilt sie sich, wenn die Widerstände unterschiedliche Werte haben? Für eine einfache Reihe mit Widerstand R_1 und R_2 und Quellenspannung U_s können wir dieses Problem mit KVL folgendermaßen lösen:

$$R_{total} = R_1 + R_2$$
$$I = \frac{U_s}{R_1 + R_2} = \frac{U_{R_2}}{R_2}$$

Spannungsteiler

$$\Rightarrow U_{R_2} = U_s\left(\frac{R_2}{R_1 + R_2}\right)$$
$$U_{R_1} = U_s\left(\frac{R_1}{R_1 + R_2}\right)$$

1- 13

Analog dazu teilt sich Strom parallel, und für den Stromteiler können wir KCL an einem Knoten von zwei Widerständen $R_1 \,||\, R_2$, mit Strom I_s verwenden. Das Ergebnis ist:

Stromteiler

$$\Rightarrow I_{R_1} = I_s\left(\frac{R_2}{R_1 + R_2}\right)$$
$$I_{R_2} = I_s\left(\frac{R_1}{R_1 + R_2}\right)$$

1- 14

3 Grundlagen der Elektronik

Im vorherigen Kapitel haben wir uns mit den Grundlagen, den Bezeichnungen und Beziehungen von elektrischen Systemen beschäftigt. Wir haben grundlegende Analysetechniken für Schaltungen, wie z. B. die Kirchhoff'schen Gesetze oder Maschen- und Knotenregeln, besprochen. Dabei ging es um aktive Schaltungselemente, die Variablen (wie Strom) durch passive Elemente steuern. In diesem Kapitel werden wir uns mit den Grundlagen der Elektronik, einem Hauptgebiet der Elektrotechnik, auseinandersetzen.

Menschen haben von Beginn an versucht, Werkzeuge zu entwickeln, die ihnen beim Überleben helfen. In der heutigen Zeit können wir uns ganz einfach alles, was wir zum Überleben benötigen, kaufen. Das bloße Überleben ist in den Hintergrund getreten und der Wunsch ein möglich bequemes und glückliches Leben zu führen in den Vordergrund. Mittlerweile ist unsere Gesellschaft so weit, dass wir sogar Maschinen haben, um wiederkehrende Aufgaben automatisiert zu erledigen. Denken Sie z. B. an Ihre Waschmaschine oder an einen Geschirrspüler. Von einem einfachen elektrischen Schalter bis hin zu einem komplexen Kommunikationsgerät (Handy) hat sich unsere Elektronik entwickelt. In der Elektronik geht es auch darum, Dinge zu steuern, was wir anschaulich ausgedrückt durch eine Manipulation des Elektronenflusses durch verschiedene Geräte auf analoge und digitale Weise tun können.

Im letzten Kapitel haben wir Strom durch passive Elemente gesteuert. Wenn wir z. B. 5 V von einer 12 V-Batterie benötigen, schalten wir einfach zwei Widerstände von 1 kΩ und 715 Ω in Reihe. Das können wir uns mittlerweile ganz einfach mit Gleichung 1-13 ausrechnen.

In der analogen Elektronik verwenden wir passive Elemente zur Steuerung. Es kann jedoch – je nach Anforderung – schwierig sein, Schaltungen nur auf analoge Weise zu entwerfen. Hier ist es von Vorteil, dass ein gleichwertiges elektronisches Gerät einer analogen Schaltung auch auf digitale Weise entworfen werden kann. Die Grundlage der digitalen Elektronik sind einfache Schaltvorgänge. Der Computer ist eines der besten Beispiele für diese Schaltvorgänge und für digitale Elektronik. Die Anwendungen, die uns ein moderner Computer ermöglicht, werden mit Hilfe von Schaltvorgängen erreicht, die von Millionen von Transistoren ausgeführt werden. In diesem Kapitel werden wir uns hauptsächlich mit solchen Schaltgeräten beschäftigen. Wir werden uns in diesem Kapitel aber auch kurz über Kondensatoren und Induktoren für den Entwurf von analogen Schaltungen beschäftigen.

Die Erfindung des Radios im späten 19. Jahrhundert wird allgemein als der Beginn des Elektronikzeitalters angesehen. Die Technologie eines Radios nutzte elektromagnetische Wellen erstmals auf eine ganze spezielle Art, nämlich zur Kommunikation. Später, nach der Erfindung der Transistoren im Jahr 1947, entstand die Ära der digital gesteuerten Anwendungen (z. B. Computer). In der heutigen Zeit breitet sich die Elektronik immer weiter aus – jedes Jahr werden kompaktere Schaltkreise mit höherer Rechenleistung und Effizienz entwickelt, was zu einer stärker kontrollierten und automatisierten Welt führt. Mittlerweile gibt es unzählige Anwendungen von Elektronik und wir finden sie überall, in unseren Häusern, auf den Straßen und in den Ämtern. Viele elektronische Komponenten vereinen sich zu den unterschiedlichsten Geräten, wie z. B. Mobiltelefonen, Tablets, Fernsehgeräten, aber auch zu einfachen Straßenlaternen. Die Elektronik ist aus der heutigen technologisierten Welt eigentlich nicht mehr wegzudenken.

In diesem Kapitel werden wir zuerst die Grundlagen der Elektronik behandeln und anschließend eine Einführung zu spezifischen Bauteilen wie Dioden, Transistoren und Weiteren erhalten.

3.1 Grundlagen zu Halbleitern

Die folgenden Grundlagen können durchaus etwas tiefer ins Detail gehen und beim ersten Lesen und je nach Vorwissen etwas schwieriger zu verstehen sein. Gleichwohl ist es sinnvoll, die im Zusammenhang mit Halbleitern wichtigen Begriffe (fett gedruckt) zumindest einmal gehört zu haben. Es ist keine Schande, wenn Sie beim ersten Lesen nicht alles oder nur wenig verstehen. Lesen Sie diese Abschnitte einfach zwei- oder dreimal und bleiben Sie dran, in den weiteren Kapiteln folgen dann wieder praktischere Beispiele.

In der Quantenmechanik werden Elektronen in einem Atom, in **Schalen** verteilt, beschrieben. Die Schalen werden durch eine Zahl klassifiziert, die **Hauptquantenzahl** genannt wird. Jede Schale hat ihre **Unterschalen**, in denen die Elektronen die gleiche **Hauptquantenzahl** haben (beschreiben wiederum die Unterschalen). Jedes Element des Periodensystems hat eine andere Ordnungszahl und infolgedessen eine andere Anzahl von Elektronen. Jedes Elektron in einem Atom hat einen eigenen Energiezustand. Wenn ein Elektron angeregt wird, wandert es in eine höhere Energieschale des Atoms (**Bohrsches Atommodell** und **Energiebandtheorie**). Die Elektronen der äußersten besetzten Schale (Valenzschale) haben die höchste Energie im Vergleich zu den anderen Schalen. Wenn die Temperatur steigt oder ein bestimmtes Potential an ein Element angelegt wird, werden die Elektronen im Valenzband angeregt und bewegen sich auf ein höheres Niveau/Leitungsband. Hier beginnt der Strom zu fließen. Die Valenzelektronen der verschiedenen Elemente benötigen unterschiedlich viel Energie, um aus dem Valenzband angeregt zu werden.

Diejenigen Atome mit weniger Bindungen in ihrer Valenzschale sind die Leitfähigeren. Bis zu einem gewissen Grad hängt dies auch von Eigenschaften wie Ionisierungsenergie, Elektronegativität und Atomradius der Elemente ab. Elemente der Gruppe 11 des Periodensystems haben nur 1 Elektron in ihrer Valenzschale, daher sind diese, obwohl sie eine hohe Ionisierungsenergie und einen kleinen Radius haben, leitfähiger. In der Gruppe 11 ist Silber leitfähiger als Kupfer, da es einen großen Radius hat. Gold hingegen ist aufgrund seiner hohen Ionisierungsenergie (IE) weniger leitfähig. Für Halbleiter wird z. B. Silizium (Si) verwendet.

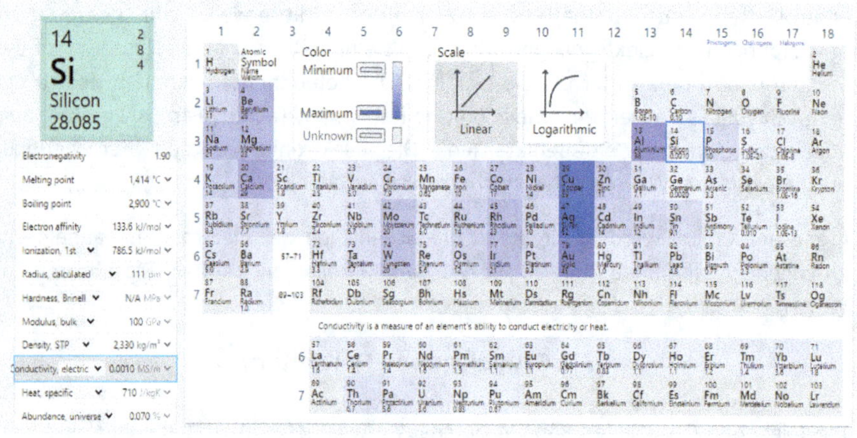

Abbildung 7: Eigenschaften von Silizium (Si) (links)
Periodensystem skaliert mit Leitfähigkeit der Elemente (rechts); (Quelle: https://ptable.com)

Halbleiterelemente gehören zur IVA-Gruppe des Periodensystems, sie haben also vier Elektronen in ihrer äußersten Schale. Die Valenzelektronen bilden normalerweise vier kovalente Bindungen mit benachbarten Siliziumatomen, wodurch ein kristallförmiges

Gitter entsteht, da die Ionisierungsenergie mit der Periode zunimmt und von oben nach unten abnimmt. Halbleiterelemente liegen zwischen diesem Trend. Im Gegensatz zu Leitern und Isolatoren ist das Verlassen des Valenzbandes bei Halbleitern also weder zu leicht noch zu schwer. Das heißt, sie können Elektrizität leiten, aber im Gegensatz zu Leitern erzeugen Halbleiter-Elektronen beim Anlegen eines Potentials nicht zu viele Turbulenzen. Anstelle eines Widerstandgewinns steigt also bei Halbleitern die Leitfähigkeit.

3.1.1 Halbleiter-Dotierung

Immer wenn ein Valenzschalenelektron (Elektron der äußersten besetzten Schale) des Silizium-Oberflächengitters das Valenzband verlässt, bildet sich an seiner Stelle ein Loch (positive Ladung) im Atom. Wenn wir nun ein elektrisches Potential anlegen, fließen die Elektronen von einem niedrigen zu einem hohen Potential, während die Löcher genau das Gegenteil tun. In Halbleitern ist der Gesamtstrom einfach die Summe aus Elektronen- und Lochstrom.

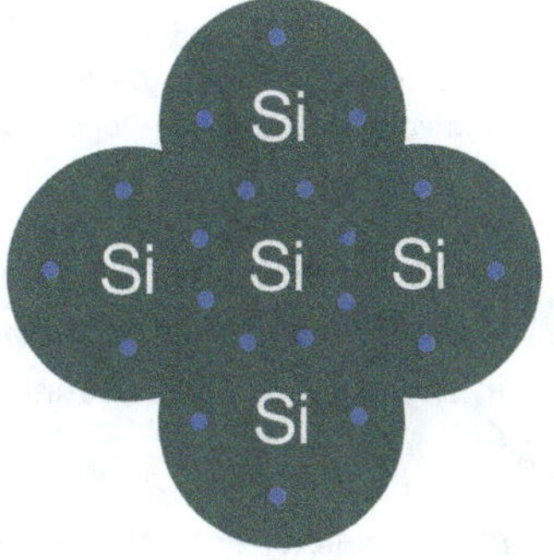

Intrinsische (reine / undotierte) Halbleiterelemente haben nur wenige Elektronen und können daher nicht zu viel davon an das Leitungsband abgeben. Das Kristallgitter von Silizium (siehe Abbildung oben rechts) ist eine perfekt gebundene Struktur, d. h. um einige Elektronen aus dem Valenz- in das Leitungsband freizusetzen, ist mehr Energie erforderlich. Um mehr freie Elektronen oder Löcher zu erhalten, wird häufig die **Dotierung** von Halbleiterelementen verwendet. Wir können ein zusätzliches freies Elektron erhalten, indem wir jedes Element von Si mit einem Atom der Gruppe VA (5 Valenzelektronen), wie z. B. Phosphor (sogenanntes **Donor-Atom, auch Donator-Atom / Spender-Atom**), binden. Dies wird als **n-Typ-Dotierung** bezeichnet, da wir in diesem Fall mehr negative Ladung erhalten. Abbildung 8 (rechts) zeigt die n-Typ-Dotierung. Hier sehen wir ein zusätzliches freies Elektron, welches vom Phosphor übrigbleibt und ein positives Ion zurücklässt. Dieses Elektron agiert als freier Ladungsträger und bewegt sich dorthin, wo das Potential es hinführt.

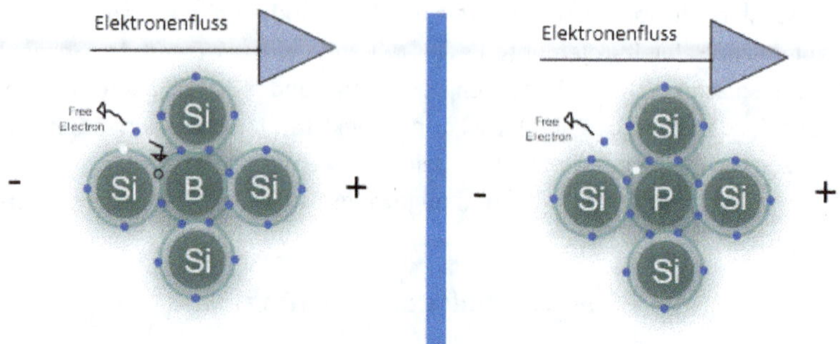

Abbildung 8: Atomare Struktur von Si unter Potential (Spannung)
links: p-Typ-Dotierung – das freie Elektron des Siliziums füllt das Loch des Bors und senkt die
Leitfähigkeit rechts: n-Typ-Dotierung- das zusätzliche Elektron des Phosphors erhöht die Leitfähigkeit.

Wenn wir nun dieses Silizium mit einem Atom der Gruppe IIIA des Periodensystems (drei Valenzelektronen), wie z. B. Bor (**Akzeptor-Atom / Empfänger-Atom**), verbinden, wird mehr positive Ladung erzeugt. Dies wird **als p-Typ-Dotierung** bezeichnet. Hier wirken Löcher als freie Ladungsträger, da es nur eine begrenzte Anzahl an Elektronen gibt.

Dotierte Halbleiterelemente werden im Allgemeinen als **extrinsische** (verunreinigte) Halbleiter bezeichnet. Ein intrinsischer Halbleiter hat die gleiche Anzahl von Elektronen und Löchern $(n = p)$, während beim n-Typ Elektronen und beim p-Typ Löcher überwiegen. Wenn wir diese beiden (n-Typ und p-Typ) miteinander kombinieren, wird die Anzahl der Elektronen und Löcher wieder gleich. Diese Kombination von Donator- und Akzeptor-Typ-Halbleitern wird **PN-Übergang** genannt.

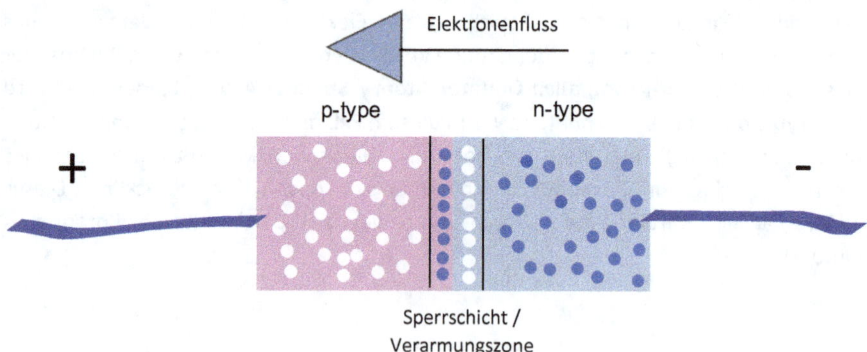

Abbildung 9: Diode (n-Typ und p-Typ dotierte Halbleiter kombiniert), angeschlossen an die
Spannungsversorgung.Freie Löcher (weiß) & freie Elektronen (blau)

3.1.2 Die PN-Übergangsdiode

Die Kombination dieser beiden Arten von Halbleitern (p-Typ, n-Typ) hat eine wichtige Eigenschaft. Um es sich einfacher vorzustellen, kann man sich den Stromfluss in Abbildung 9 ansehen. Stellen Sie sich zunächst freie Löcher von Donor-Atomen (p-Typ) vor, die sich in Richtung der Elektronen des n-Typs bewegen. Da sich diese im n-Typ-Bereich sammeln, stoßen sie weitere Löcher ab, was einen Widerstand im Fluss der Löcher in Richtung freier n-Typ-Elektronen erzeugt. Auf die gleiche Weise erzeugen freie Elektronen des n-Typs ebenfalls diesen Widerstand, wenn sie vom n-Typ zum p-Typ fließen. Sobald ein Gleichgewicht erreicht ist, entsteht ein Gradient, der als **Verarmungszone / Sperrschicht oder auch Raumladungszone (RLZ)** bezeichnet wird und den Fluss von Elektronen und Löchern zwischen den Gebieten stoppt.

Verbinden Sie in Ihrer Vorstellung nun p-Typ / Anode mit dem Pluspol der Batterie und n-Typ / Kathode mit dem Minuspol (wie in Abbildung 9 dargestellt). Durch den Anstieg des Potentials treten mehr Elektronen des n-Typs in das Leitungsband ein. Wenn diese Masse an Elektronen in Richtung des positiven Pols der Batterie fließt, durchbricht sie die Sperrschicht (Verarmungszone) und der Stromfluss im Schaltkreis setzt ein. Dieser Zustand wird als **Vorwärtsgang / Vorwärtsrichtung ("forward bias")** bezeichnet. Das Durchbrechen dieser Verarmungszone / Sperrschicht für die Vorwärtsvorspannung erfordert 0,7 V für Silizium-Halbleiter und 0,3 V für Germanium-Halbleiter.

Das Verbinden des Minuspols mit dem p-Typ und des Pluspols mit dem n-Typ hingegen, durchbricht die Barriere (Sperrschicht) nie, sondern macht diese breiter. In diesem Fall kann kein Strom fließen. Dies wird als **Rückwärtsgang / Rückwärtsrichtung ("reverse bias")** bezeichnet. Bei umgekehrter Vorspannung fließt niemals Strom. Dennoch kann eine große Erhöhung der Spannung den gesamten Übergang an einem Punkt durchbrechen, welcher mit **Durchbruchspannung ("breakdown voltage")** bezeichnet wird. Die Kurven von Vorwärts- und Rückwärtsgang sind in Abbildung 10 dargestellt. Hier befindet sich auf der x-Achse (horizontale) die Spannung und auf der y-Achse (vertikale) der Strom. Man kann hier also das Verhältnis von Strom zu Spannung im Vorwärtsgang (forward bias) und Rückwärtsgang (reverse bias) ablesen.

Dieser PN-Übergang ist allgemein als **Diode** bekannt und wird in der Technik häufig zur Steuerung verwendet, da er den **Stromfluss nur in einer Richtung zulässt** (in Durchlassrichtung) und in der anderen sperrt.

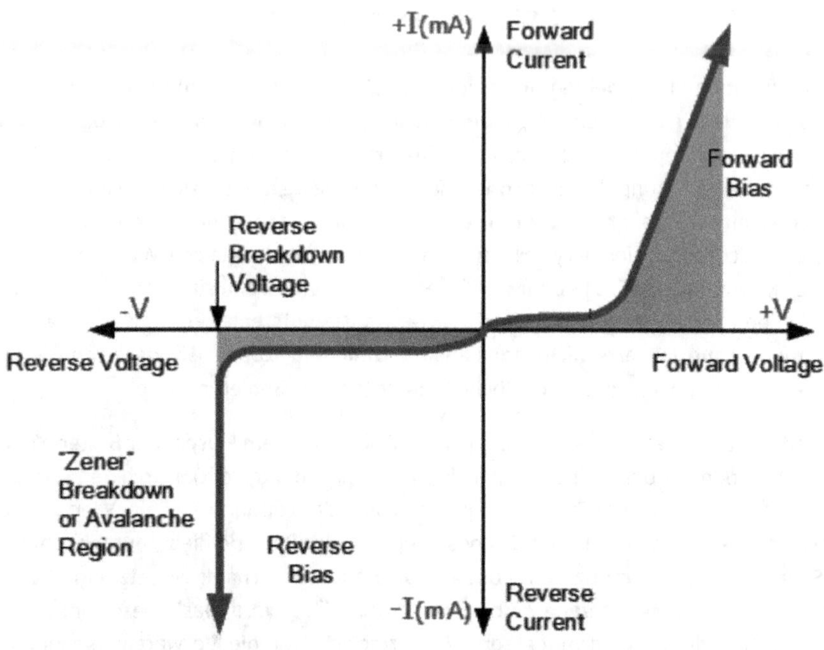

Abbildung 10: Vorwärts- und Rückwärtsgang-Kennlinie

3.1.3 Die Leuchtdiode (LED)

Die einfachste Anwendung einer Diode ist die LED. Die LED (engl.: light-emitting diode) ist ein Halbleiterbauteil, welches Licht produziert, wenn es unter Strom steht. Das Licht entsteht dadurch, dass Strom von eine Gleichstromquelle zur Diode und durch diese hindurchfließt. Da eine LED ein Halbleiterbauteil ist, hat diese ebenfalls eine Durchlassrichtung. Das heißt, dass Strom nur in diese Richtung hindurchfließen kann. Wenn eine LED falsch angeschlossen ist, wird kein Licht produziert. Die Farbe des Lichts und ob es sichtbar ist oder nicht (z. B. Infrarot; allgemein bestimmt durch die Wellenlänge) wird über die verwendete Dotierung und das Material gesteuert. Zwei große Vorteile von LEDs sind: a) die hohe Lebensdauer, b) der geringe Stromverbrauch. Im Vergleich zu altmodischen Glühlampen kann eine LED eine Lebensdauer von mehreren 10.000 Stunden erreichen und hat einen um ein Vielfaches besseren Wirkungsgrad. Warum ist das so? Herkömmliche Glühlampen produzieren neben sichtbarem Licht einen enormen Anteil an Wärme, d. h. die Energie, die aufgewendet wird, wird nicht nur in Licht, sondern vor allem in Wärme umgewandelt. Bei LEDs entsteht nur wenig Wärme als „Abfall- bzw. Nebenprodukt" und fast die gesamte Energie kann für die Erzeugung des Lichts aufgewendet werden. Es gibt mittlerweile verschiedene Arten von LED. Die einfachste Bauweise ist in Abbildung 11 dargestellt. Das Herzstück und zugleich auch das eigentliche Halbleiterelement der abgebildeten LED ist der LED-Chip, der auf einem Reflektor auf der Anode platziert ist und das Licht abstrahlt. Das Schaltzeichen einer LED besteht aus dem Dioden-Schaltzeichen mit zwei zusätzlichen schrägen Pfeilen, die abstrahlendes Licht darstellen sollen.

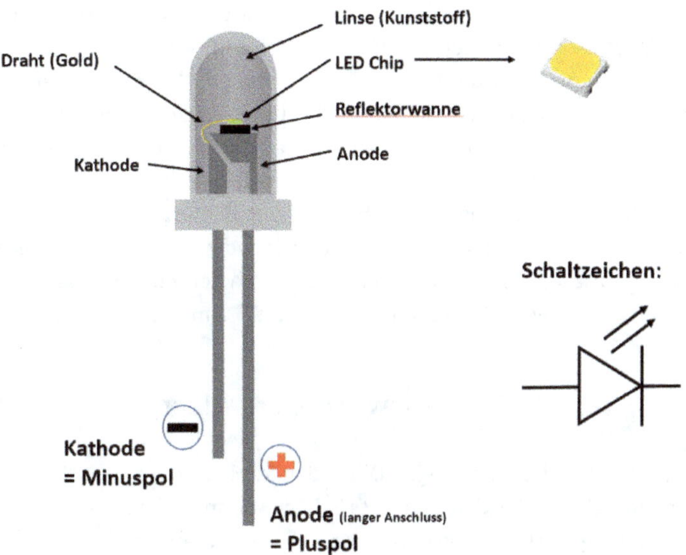

Abbildung 11: Der Aufbau einer einfachen LED und das Schaltzeichen einer LED

3.1.4 Lösen von Schaltkreisen mit Dioden

Um eine Schaltung mit Dioden zu lösen, können wir nun die Diode einfach als ein Schaltungsbauteil betrachten und dann KCL und KVL (Kirchhoff'sche Regeln, siehe vorherige Kapitel) zur Lösung unbekannter Variablen verwenden. Stellen Sie sich eine Diode einfach als ein Bauelement vor, das ein bestimmtes Maß an Spannung (Volt) absorbiert (im Fall von Silizium sind das 0,7 V), und wenden Sie KVL für den Strom an. Das heißt, dass die Ausgangsspannung einer Si-Diode, die mit einer 5-Volt-Versorgung verbunden ist, 4,3 V betragen wird. In komplexen Fällen sind die Lösungen jedoch nicht so einfach wie in diesem Einsteiger-Buch beschrieben, da Dioden einige andere Eigenschaften haben, die hier nicht näher erläutert, sondern im Folgenden nur kurz erwähnt werden. So gibt es z. B. einen **Sättigungsstrom**, der Aufschluss über den Ladungsfluss in Sperrrichtung gibt, sowie eine **Sperrschichtkapazität**, die als die Kapazität definiert ist, die zwischen den Platten entsteht, wenn diese in Sperrrichtung vorgespannt sind. Parameter wie diese sind wichtig bei der Simulation von komplexen praktischen Schaltungen mit Dioden.

3.2 Gleichrichtung (Rektifikation) und Anwendung einer Diode

Neben LEDs gibt es noch viele weitere Anwendungsmöglichkeiten einer Diode. Bevor wir auf die Details wichtiger Halbleiterbauteile wie Bipolartransistoren (BJT) und MOSFETs (Metalloxid-Halbleiter-Feldeffekttransistoren) eingehen, ist es wichtig, die Rolle der Diode in der Welt der Elektronik zu verstehen: Dioden werden meist für die Gleichrichtung (Rektifikation), also für die Umwandlung von Wechselstrom in Gleichstrom, verwendet. Die Einsatzmöglichkeiten einer Diode sind aber nicht nur auf die Gleichrichtung beschränkt. Wir können diese auch zur Temperaturmessung, zur Tonwiedergabe in Radios, wie bereits bekannt zur Lichterzeugung (LED) und vielem mehr verwenden. Dioden sind eines der grundlegendsten Elemente in der Elektronik und können in fast jeder Anwendung um uns herum gefunden werden (z. B. werden Dioden auch in Mobiltelefonen verwendet, um modulierte Radiowellen gleichzurichten).

3.2.1 Halbwellengleichrichter

Wie wir nun bereits wissen, lässt eine Diode den Strom nur in eine Richtung fließen (in Vorwärtsrichtung) und blockiert den Fluss in Rückwärtsrichtung. Dies geschieht, weil in Rückwärtsrichtung mehr Ladungsträger zu dieser Verarmungszone hinzukommen (anstatt die Sperrschicht zu durchbrechen wie in Vorwärtsrichtung) und diese Zone dadurch breiter wird. Wenn also ein oszillierendes Signal (Schwingungssignal) eine Diode durchläuft, gibt die Diode nur die Hälfte dieses Eingangssignals zurück (der negative Signalanteil wird gekappt). Dies wird als Einweggleichrichter bezeichnet. Sehen wir uns dazu ein praktisches Beispiel an:

Wenn eine digitale Rechteckwelle (siehe Abbildung 12, oben) durch eine Diode läuft, lässt die Diode nur den Fluss der positiven Hälfte zu. In Abbildung 12 (unten) sehen Sie zudem die Schaltung und ihre dazugehörige Wellenform im Bereich vor und nach der Diode. Hier wurde ein Rechteckwellengenerator mit einer Frequenz von 1 kHz und einer Amplitude zwischen 1 V und -1 V verwendet. Wir können diese Wellenform in der lila Welle (positive und negative Anteile) der Abbildung erkennen. Wenn diese Welle die Diode durchläuft, hebt die Diode die negativen Werte auf und gibt die grüne Welle aus (nur positive Anteile von 0 V bis 1 V).

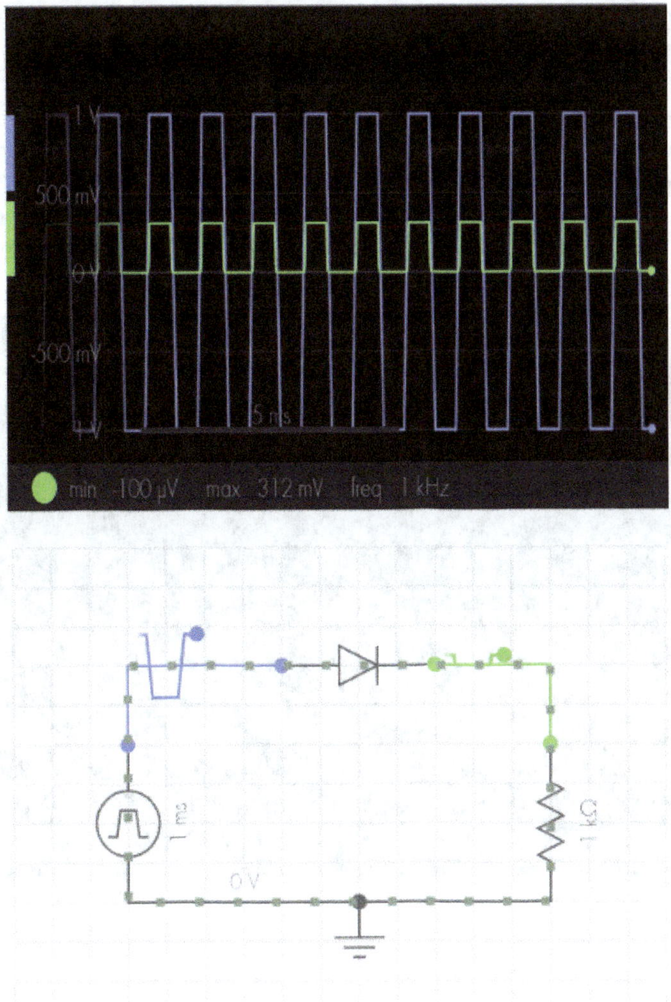

Abbildung 12: Einweggleichrichter. Die violette Rechteckwelle ist der Eingang und die grüne Rechteckwelle der Ausgang

3.2.2 Vollwellengleichrichter

Es ist möglich, die gekappte negative Hälfte des gerade vorgestellten Einwellengleichrichters in eine positive Hälfte umzuwandeln. Dies wird Vollwellengleichrichtung genannt. Für diesen Zweck wird eine Schaltung mit vier brückenförmig miteinander verbundenen Dioden, daher manchmal auch (**Dioden-) Brückengleichrichter** genannt, verwendet. Abbildung 13 zeigt den Schaltplan (unten) dieser Schaltung sowie das Ausgangssignal (oben). Die violette Welle ist die erste gleich gerichtete Halbwelle und die grüne Welle ist die invertierte (umgekehrte) zweite Halbwelle. Die Halbwellengleichrichtung (vorheriges Kapitel) ist wichtig, da wir hiermit eine Richtung sperren können, aber auch die Vollwellengleichrichtung hat eine Anwendung. Mit einem einfachen Filterkondensator können wir diese violette und grüne Welle in eine reine Gleichstromwelle umwandeln (siehe Abbildung 14). Wir haben hier also einen Wechselstrom-Gleichstrom-Wandler geschaffen, ähnlich wie eine USV (unterbrechungsfreie Stromversorgung) zum Laden von Batterien aus der Wechselstromversorgung. Die meisten Anwendungen liegen im Bereich der Leistungselektronik.

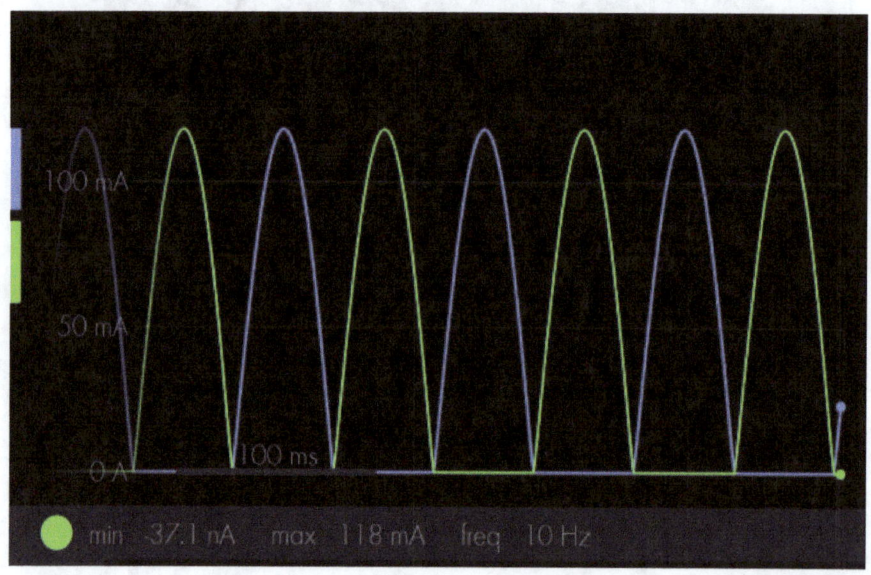

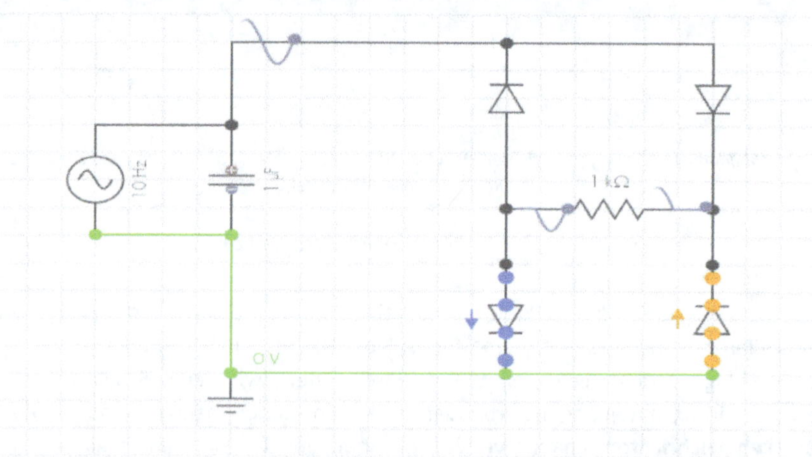

Abbildung 13: Vollwellengleichrichter – zwei Wellen (violett und grün) an der Ausgangsseite

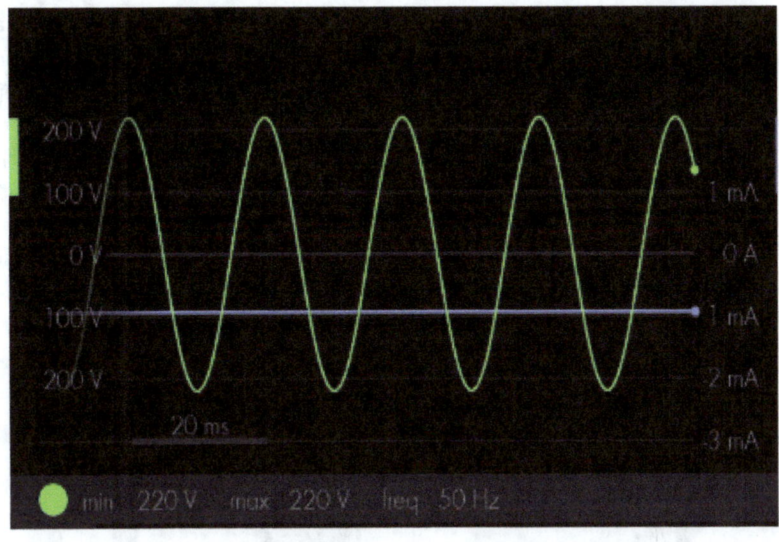

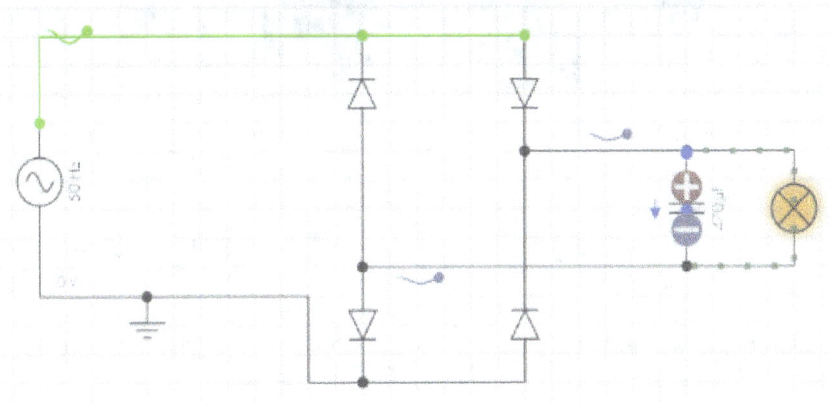

Abbildung 14: Brückengleichrichter mit Filterkondensator und reinem DC-Ausgang (grüne Welle)

3.3 Was ist ein Transistor?

Ein Transistor ist ein einfaches Bauteil mit drei Anschlüssen, welches man sich am besten, wie ein Ventil vorstellen kann, das den Wasserfluss einer Pumpe steuert. Wenn wir das Steuerrad des Ventils in eine bestimmte Richtung drehen, also öffnen, erhöht sich der Wasserdurchfluss und wenn wir es in die andere Richtung drehen, also schließen, verringert sich der Durchfluss. Das Ventil würde im Fall des Transistors aus Dioden bestehen und das Wasser wäre der Strom. Elektronik hat im Allgemeinen vereinfacht gesagt viel mit Schaltelementen zu tun und auch Transistoren verhalten sich wie ein Schalter. Zusätzlich zu dieser Schaltmöglichkeit haben Transistoren auch die Eigenschaft der Verstärkung, was einer Änderung des Ventilverhältnisses für die ausgegebene Wassermenge gleichkommen würde. Diese Verstärkungseigenschaft ist in der Welt der Elektronik besonders wichtig. In analogen Systemen verwenden wir dazu den Operationsverstärker (OP-Amp; gleichspannungsgekoppelter Verstärker) und mit Hilfe von Transistoren lässt sich ein gleichwertiges Element dazu auch in digitalen Systemen erreichen. Es gibt verschiedene Arten von Transistoren, einer der einfachsten ist der Bipolartransistor (**BJT**). Des Weiteren werden wird hier den Feldeffekttransistor (**FET**) und den Metalloxid-Halbleiter-Feldeffekttransistor (**MOSFET**) besprechen. Alle Arten von Transistoren haben ihre speziellen Eigenschaften und werden in unterschiedlichen Anwendungen eingesetzt.

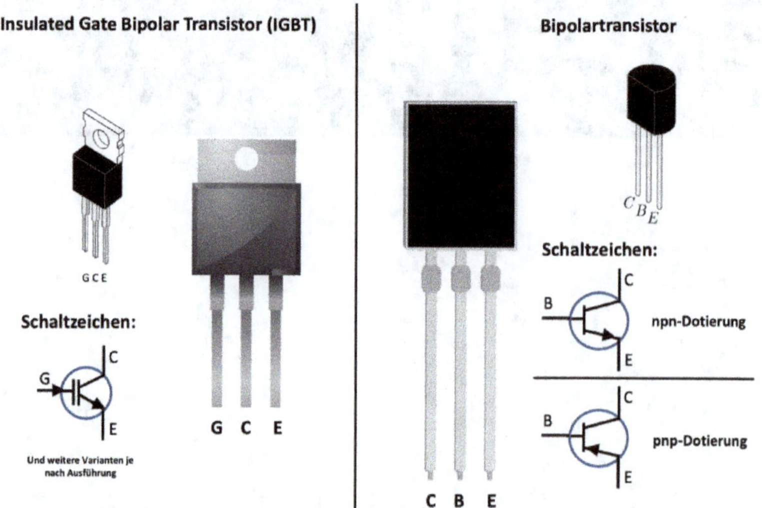

Abbildung 15: Zwei Varianten von Transistoren mit ihren Anschlüssen und Schaltsymbolen (links: IGBT und rechts: Bipolartransistor)

3.3.1 Der Bipolartransistor (BJT) – Grundlagen

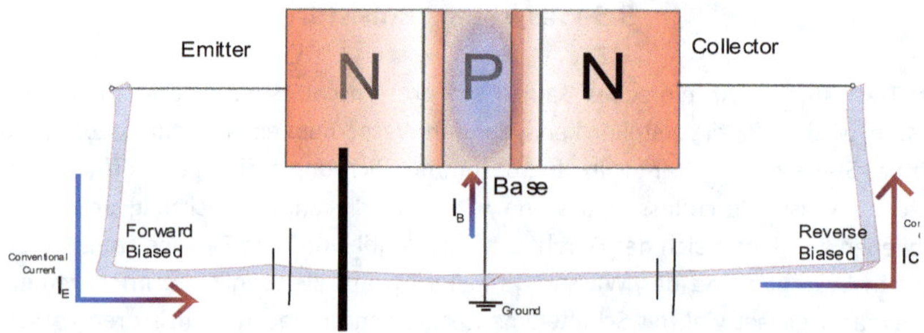

Abbildung 16: npn-Bipolartransistor im Normalbetrieb

Ein PN-Übergang ist eine Kombination von doppelt dotierten Halbleitern. Wenn wir drei Übergänge in einer aufeinanderfolgenden Weise kombiniert haben, erhalten wir ein Bauteil mit sehr speziellen Eigenschaften. Eine solche Bauweise mit zwei kombinierten Dioden wird allgemein als Bipolartransistor „Bipolar Junction Transistor" (BJT) bezeichnet. Aufgrund des Doppelübergangs ist es möglich, einen BJT auf zwei Arten zu bilden: einmal mit zwei N-dotierten Elementen **(NPN)** und einmal mit zwei P-dotierten Elementen **(PNP)**. Die **normale Transistorwirkung** (grundlegender Stromfluss) tritt auf, wenn einer dieser Übergänge in Durchlassrichtung und der andere in Sperrrichtung vorgespannt ist (Abbildung 16). Der mittlere Bereich, der sich zwischen zwei hoch dotierten Bereichen befindet, wird als **Basis (B)** bezeichnet und von den anderen zwei Bereichen wird einer davon **Emitter (E)** und der andere **Kollektor (C)** genannt. Im Allgemeinen ist der Emitter ein Anschluss, bei dem der Übergang in Vorwärtsrichtung vorgespannt ist, und der Kollektor ist der Anschluss, bei dem wir einen in Sperrrichtung vorgespannten Übergang mit der Basis haben. Ein wichtiger Punkt, der hier beachtet werden muss, ist, dass die sandwichartig aufgebaute Basis nicht hoch dotiert ist (deshalb ist in Abbildung 16 die Basis auch kleiner dargestellt als die anderen beiden Bereiche). Diese leicht dotierte Basis ist es, die den Transistor zu einem besonderen Bauelement macht. Genau wie beim Ventil können wir mit dieser Basis nun einen großen Kollektorstrom steuern.

Die Theorie hinter BJTs ist einfach, vor allem, wenn wir wissen, wie ein PN-Übergang (PN-Junction) funktioniert. In unserem Fall gehen wir von einem NPN-BJT-Transistor aus (Abbildung 16). Wenn wir den ersten NP-Emitter-Basis-Bereich in Durchlassrichtung anschließen, durchbrechen freie Elektronen aus N die Sperrschicht und fließen in Richtung des P-Bereichs. Da die Basis nur leicht dotiert ist, verbinden sich einige dieser Elektronen mit Löchern und schließen so den Stromkreis, während die restlichen Elektronen an Ort und Stelle verbleiben. Wenn wir dann eine weitere Stromversorgung an den Basiskollektor anschließen, sodass der Übergang in Sperrspannung gerät, setzen die verbleibenden Elektronen ihren Fluss dadurch von der Basis durch den Kollektor hindurch fort und fließen dann in Richtung dieser hohen Spannung.

Der Strom teilt sich ausgehend vom Emitter in Basis und Kollektor auf. Wenn wir den Basisstrom erhöhen (d. h. dass sich mehr Elektronen mit P-Löchern in einem betrachteten Zeitraum verbinden), fließen effektiv mehr verbleibende Elektronen zum Kollektor (in einem betrachteten Zeitraum). Merken Sie sich diese beiden einfachen Aussagen – zur Lösung von Problemen können wir diese gut anwenden. Im Folgenden sind ein paar wichtige mathematische Beziehungen für BIPs:

$$I_E + I_B = I_C \qquad \text{2-1}$$

α zeigt die Qualität des Transistors an

$$\alpha = \frac{I_C}{I_E} \qquad \text{2-2}$$

β ist die Verstärkung (Verstärkungsfaktor)

$$\beta = \frac{I_C}{I_B} \qquad \text{2-3}$$

Ein hoher Wert α eines Transistors sagt aus, dass verhältnismäßig weniger Basisstrom fließt, da sich in diesem Fall der Kollektorstrom dem Emitterstrom annähert. In der Praxis liegt der Wert für α zwischen 0,95-0,99 (Low-Power-Signaltransistor) und im Idealfall sollte er 1 sein. Auf die gleiche Weise hat der Wert β normalerweise einen Wert von 100 - 150. Dieses β steht für die Verstärkung von BJTs und wird daher auch Verstärkungsfaktor genannt.

Im Allgemeinen werden BJTs in drei **Konfigurationen** verwendet, die als Konfigurationen mit gemeinsamer Basis (**CB**), gemeinsamem Emitter (**CE**) und gemeinsamem Kollektor (**CC**) bezeichnet werden. Gemeinsam ist bezogen auf die Referenz oder Masse. Für eine Verstärkung (β) verwenden wir die CE-Konfiguration, da die Ausgangsspannung (U_{CE}) aus der Verstärkung des Eingangs (U_{BE}) hervorgeht. Auf die gleiche Weise haben auch andere Konfigurationen einige spezielle Anwendungsfälle. Um den Pegel der Vorspannung zu steuern (entspricht den Ausgangsparametern der Schaltung) verwenden wir Schaltungen, die normalerweise als **Vorspannungsschaltungen** bezeichnet werden. Hier verwenden wir einige Widerstände, um den Pegel der Vorspannung zu steuern. Um Schaltungen zu entwerfen, in denen Transistoren vorkommen, müssen die Werte dieser Widerstände auf die gewünschten Parameter eingestellt werden.

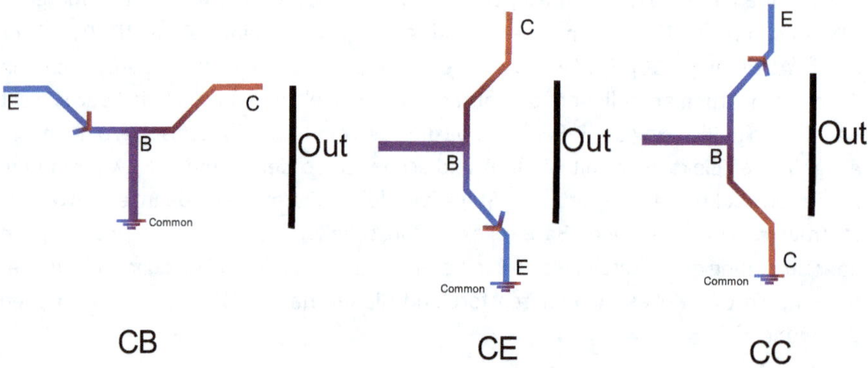

Abbildung 17: BJT-Konfigurationen

3.3.2 Der Sperrschicht-Feldeffekttransistor (JFET) – Grundlagen

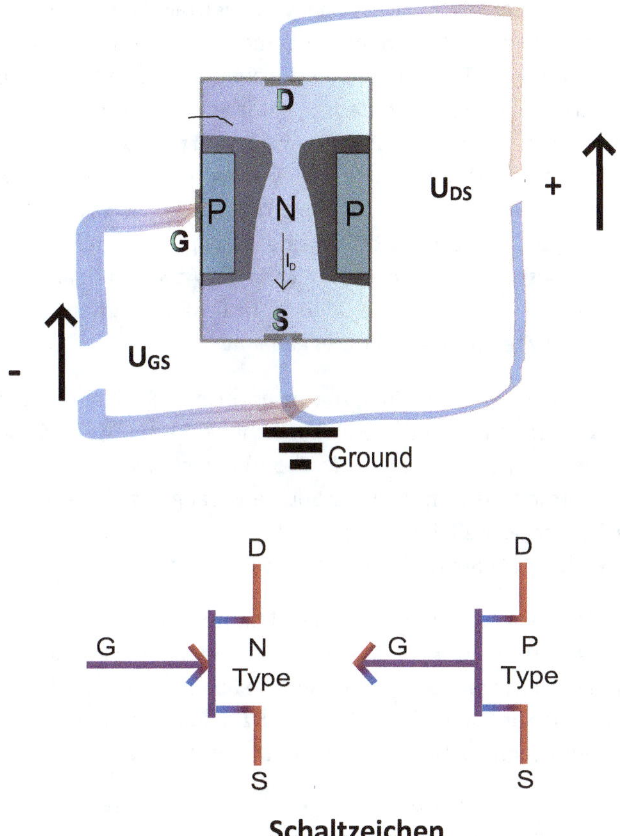

Abbildung 18: npn-JFET: Symbole und Funktionsweise

Der **Sperrschicht-Feldeffekttransistor (JFET)** ist ebenfalls ein Transistorbauelement mit drei Anschlüssen, dessen Strom durch den dritten Anschluss, **Gate** (Tor) genannt, gesteuert wird. Die anderen beiden Anschlüsse werden in diesem Zusammenhang als **Source** (Zufluss) und **Drain** (Abfluss) bezeichnet. Genau wie BJTs ist ein JFET auf zwei Arten denkbar: einmal mit einem N-Kanal, der zwischen zwei P-Kanälen liegt, und einmal in umgekehrter Weise (P-Kanal zwischen zwei N-Kanälen). Aber im Gegensatz zu BJTs, bei welchen der Stromfluss sowohl durch Elektronen als auch durch Löcher erfolgt, erfolgt der Stromfluss im N-Kanal-JFET durch Elektronen und im P-Kanal-JFET durch Löcher. Sehen wir uns das im N-Kanal-Fall etwas genauer an:

<u>**FALL I : U_{GS} = 0**</u>: Die Elektronen im N-Kanal, die von der Quelle (**Source**) zufließen, bewegen sich in Richtung Abfluss (**Drain**) (siehe Abbildung 18). Drain ist hier mit dem Pluspol der Batterie mit Source-Masse verbunden. Wenn nun diese Elektronen des N-

Kanals in Richtung Drain (+ Anschluss) fließen, versuchen einige von ihnen durch den P-Bereich zu entkommen, und so entsteht eine Sperrschicht (Verarmungszone) zwischen N und P. Die Breite dieser Sperrschicht hängt von der Drain-Source-Spannung (U_{DS}) ab. Wenn wir diese Spannung U_{DS} erhöhen, nehmen die freien Ladungsträger in der Sperrschicht zu (wie bei BJTs) und blockieren somit andere Ladungsträger mit mehr Potential, was zu einer größeren Breite führt. Wir können diese Spannung U_{DS} bis zu einem gewissen Punkt erhöhen, welcher als **Abschnür-Spannung** oder auch **Pinch-Off-Spannung U_P** bezeichnet wird, was einem Gleichgewichtspunkt entspricht. Wenn wir diese Spannung weiter erhöhen, wird der Elektronenfluss im N-Kanal in Richtung Drain nicht mehr zunehmen, und somit gibt es keine Auswirkungen auf den Drain-Source-Strom I_{DS}. Dieser konstante Strom nach Erreichen der Abschnür-Spannung (Pinch-Off-Spannung) in diesem Sättigungsbereich wird **Drainsättigungsstrom I_{DSS}** (Drain-zu-Source-Strom bei kurzgeschlossenem Gate) genannt.

Warum haben wir nun in der Abbildung 18 eine unverteilte Sperrschichtlänge? Weil die Drain-Spannung im N-Kanal nicht überall konstant sein kann, wenn Strom durch ihn fließt. Für eine bestimmte Spannung U_{DS} (z. B. 5 V) nimmt diese Spannung U_{DS} mit dem konventionellen Stromfluss vom Drain zur Source entlang des Pfades ab, wodurch sich die Breite der Sperrschicht effektiv verringert. In JFETs haben wir also eine hohe Breite an der Drain-Seite, die zur Source hin allmählich abnimmt.

Fall II : $U_{GS} \neq 0$: Wenn wir nun das Gate mit dem Minuspol verbinden, zieht es die Löcher in einer bereits verbreiterten Sperrschicht an. Dadurch wird die Breite dieses Übergangs effektiv verringert. Wenn wir dann die Spannung U_{GS} erhöhen, fließt mehr Strom von der Drain zur Source (d. h., I_{DS} nimmt zu). Somit erhöht sich in diesem Fall auch die Abschnür-Spannung U_P und damit der Drainsättigungsstrom I_{DSS}.

Diese beiden Aussagen in den letzten beiden Absätzen können durch die folgende Gleichung dargestellt werden. Wir können diese Eigenschaften auch in einem Diagramm darstellen (siehe Abbildung 19; das engl. „V" steht in dieser Abbildung für die Spannung „U").

$$I_D = I_{DSS} \left(1 - \frac{U_{GS}}{U_P}\right) \qquad \text{2-4}$$

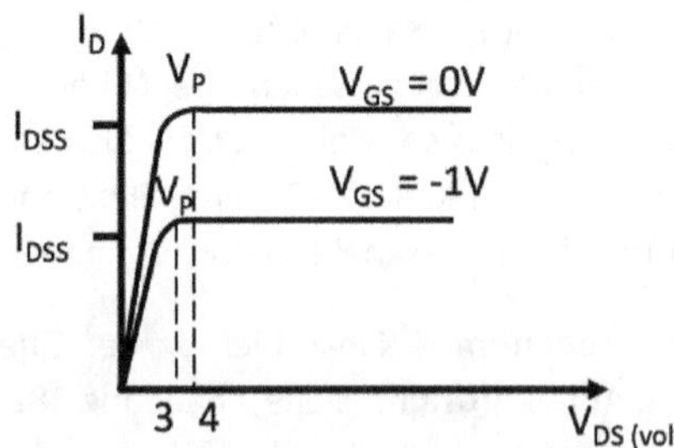

Abbildung 19: Kennlinie quadratische Gesetzmäßigkeit

3.3.3 Der Metalloxid-Halbleiter-Feldeffekttransistor (MOS-FET)

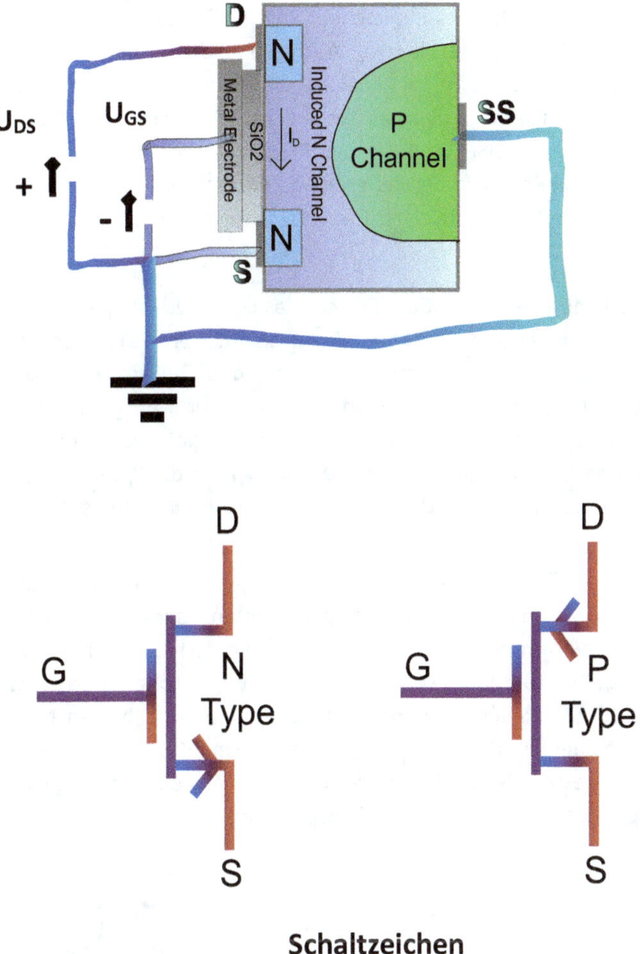

Abbildung 20: N-Kanal-MOS-FET vom Typ Enhancement (SS ist Substrat)

Metalloxid-Halbleiter-Feldeffekttransistoren (MOSFETs) sind wie ein Nachfolgemodell oder aktualisiertes Bauteil im Vergleich zu den zuvor genannten Transistor-Typen. MOSFETs sind der gängigste Typ von Transistoren und werden in vielen Anwendungen eingesetzt, primär in solchen, die eine hohe Leistung erfordern. Ein BJT ist ein stromgesteuertes Bauteil, da der Kollektorstrom durch den sehr niedrigen Basisstrom gesteuert wird. Dessen Anwendungen liegen daher im Bereich der Elektronik mit geringen Leistungen. MOSFETs haben aber mittlerweile ebenfalls ihren Einsatz in der

Low-Power-Elektronik gefunden, da sie ein hohes Schaltvermögen haben. In Bezug auf Anwendungen kann man allgemein sagen, dass MOSFETs besser und vielseitiger sind als BJTs.

Im Allgemeinen sind MOSFETs vergleichbar mit JFETs, es besteht nur ein kleiner Unterschied in der Metalloxid-Isolierung. Auch die Struktur unterscheidet sich etwas von JFETs. Wir gehen hier aber nicht näher auf die theoretischen Details von MOSFETs ein, da das Funktionsprinzip dieses Bauelements ziemlich genau dem der JFETs entspricht. Bei N-Kanal-MOSFETs gibt es ein P-Substrat, von dem die Elektronen zum isolierten N-Kanal fließen. Wie bereits erwähnt, werden die Elektronen im isolierten Kanal vom P-Kanal-Substrat induziert. Das ist wichtig für den normalen Betrieb von MOSFETs.

Bei MOSFETs trennt die isolierte Gate-Schicht das Gate, sodass im Gegensatz zu JFETs die Vorspannung in diesem Fall keine Rolle spielt. Bei JFETs muss das Gate in Sperrrichtung vorgespannt sein, damit kein Strom hindurchfließen kann. Dies hilft dem JFET, den Drain-Strom mit der Gate-Spannung zu steuern. Aufgrund der Metalloxid-Isolierung arbeiten MOSFETs mit Null-Vorspannung. Es gibt zwei Arten von MOSFETs: einen **Verarmungstyp** und einen **Anreicherungstyp**. Beide Typen können auf zwei Arten dotiert werden (mit N- und P-Kanälen). Beim **Anreicherungstyp** (Schließer) ist eine Steuerspannung U_{GS} erforderlich, um das Gerät einzuschalten, während es beim **Verarmungstyp** (Öffner) genau umgekehrt (ausschalten) ist. MOSFETs vom Anreicherungstyp sind die am häufigsten verwendeten. Es ist auch wichtig zu wissen, dass JFETs nur im Verarmungsmodus arbeiten können, da hier eine negative Spannung am Gate anliegt. Wenn Sie bei diesem also die Spannung erhöhen, wird das Gerät "AUS" geschaltet. MOSFETs hingegen können, wie beschrieben, in beiden Modi arbeiten. MOSFETs haben ebenfalls die gleichen Eigenschaften in Bezug auf die Kennlinie, wie in Abbildung 19 dargestellt. Bei MOSFETs verwenden wir anstelle der Abschnür-Spannung / Pinch-Off-Spannung den Begriff Schwellenspannung U_T.

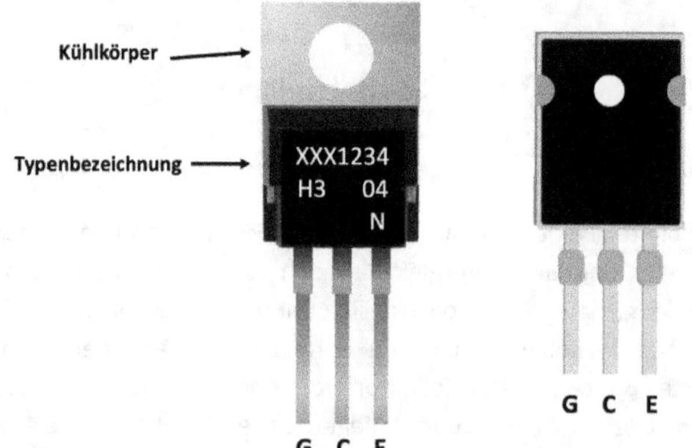

Abbildung 21: MOSFETs können z. B. so wie in dieser Abbildung aussehen

3.4 Praktische Anwendungen der Elektrotechnik und Elektronik

Die allgemeine Vorstellung einzelner Elektronik-Bauelemente war das bisherige Hauptziel dieses Kapitels, daher hatten wir in diesem Kapitel noch keine schalttechnischen Problemstellungen. Im Allgemeinen funktionieren Schaltkreisberechnungen hier auch mit den grundlegenden Schaltkreisregeln, die wir in vorherigen Kapiteln kennengelernt haben. Anstatt theoretische Rechenaufgaben zu lösen, werden wir im Folgenden einige Grundlagen betrachten, mit denen wir Schaltungen entwerfen können.

Muster-Beispiel 4
Unterbrechungsfreie Stromversorgung - Entwerfen Sie einen Schaltkreis, der auf Batterieversorgung umschaltet, wenn der Strom ausgeschaltet wird, und wieder auf Strom, wenn dieser wieder eingeschaltet wird. Ziel: Wir wollen ununterbrochen 12 V am Ausgang anliegen haben, um ein Laptop-Ladegerät zu betreiben, das diese Spannung benötigt. Die 12-V-Batterie soll als eine Art Notstromversorgung dienen.

Anmerkungen:

1. Ein **Relais** ist ein elektrisches Bauteil, das im Allgemeinen zum elektrischen Schalten von Dingen verwendet wird. Wenn wir ein Signal geben, wechselt der elektromagnetische Schalter seine Position zu einem anderen Anschluss und schaltet die Dinge entsprechend. Wenn kein elektrisches Signal anliegt, wird die geschlossene Position als normal geschlossen (NC = normally closed) und die offene Position als normal offen (NO = normally open) bezeichnet.

2. Eine Leuchtdiode (**LED**) ist wie wir bereits wissen eine Diode und ermöglicht daher den Stromfluss in eine Richtung. Wenn Strom durch die LED-Halbleiterdiode fließt, vereinigen sich Elektronen mit Löchern und setzen Energie in Form von Licht frei.

3. Ein **Kondensator** ist ein Bauteil, welches elektrische Ladung (und die Energie) speichern kann. Mehr Details dazu im nächsten Kapitel.

Entwurfsverfahren:

Zunächst benötigen wir ein Relais, das in die Stellung NC schaltet, wenn der Strom eingeschaltet wird. Dann schließen wir eine Batterie an diese NO-Position und ein Laptop-Ladegerät an seinen Ausgang an.

Schließlich fügen wir zwei Dioden in Sperrrichtung hinzu, um den Rückfluss des Batteriestroms zur Quelle zu verhindern.

Die obere Abbildung auf der nächsten Seite sehen wir, wie die LED mit der Hauptstromversorgung betrieben wird und auf der unteren Abbildung wie die LED mit der Batterie betrieben. Die Hauptstromversorgung beträgt 13,5 V. Eine Batterie mit dieser Spannung zu finden, ist in der Praxis nicht möglich, daher können wir einen Verstärker (z. B. BJT-Verstärker) oder einen Aufwärtswandler verwenden. Tatsächlich haben wir einen Kondensator verwendet, um die Ladung zu speichern, sodass beim Ausschalten des Relais die Last an der Versorgung bleibt. 1µF ist in diesem Fall ein recht niedriger Wert, daher kann man in der Praxis einen Kondensator von 1mF verwenden. Was ein Kondensator genau ist und wie dieser funktioniert, werden wir im nächsten Kapitel noch im Detail erfahren.

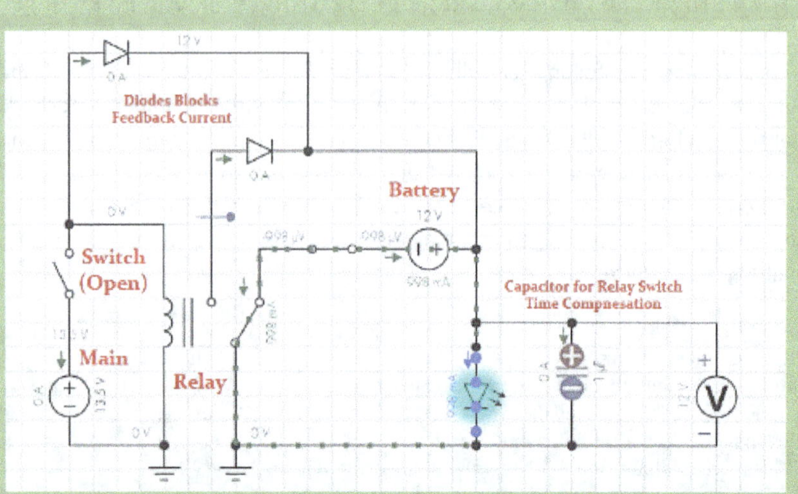

Vor der Entwicklung von MOSFETs und anderen Halbleiterbauelementen gab es nur Relais(computer). Aber jetzt, mit dieser effizienten integrierten Technologie, können wir Halbleiter zum Schalten verwenden. Die obige Schaltung kann deshalb auch mit einem MOSFET und einem BJT gezeichnet werden. Während der Hauptstrom den BJT schaltet, steuert er den Ausgangsstrom über seine Basis. Der MOSFET bleibt in diesem Fall ausgeschaltet. Wenn wir diesen Hauptschalter ausschalten, löst die Batterie das MOSFET-Gate aus, und die Last wird über die Batterie abgewickelt. Für die 13,5-V-Spannung können wir wiederum entweder einen Verstärker oder einen Aufwärtswandler verwenden. Die obige Schaltung kann also auch wie in den Abbildungen auf der nächsten Seite mit Halbleiter-Bauteilen anstatt mit Relais entworfen werden.

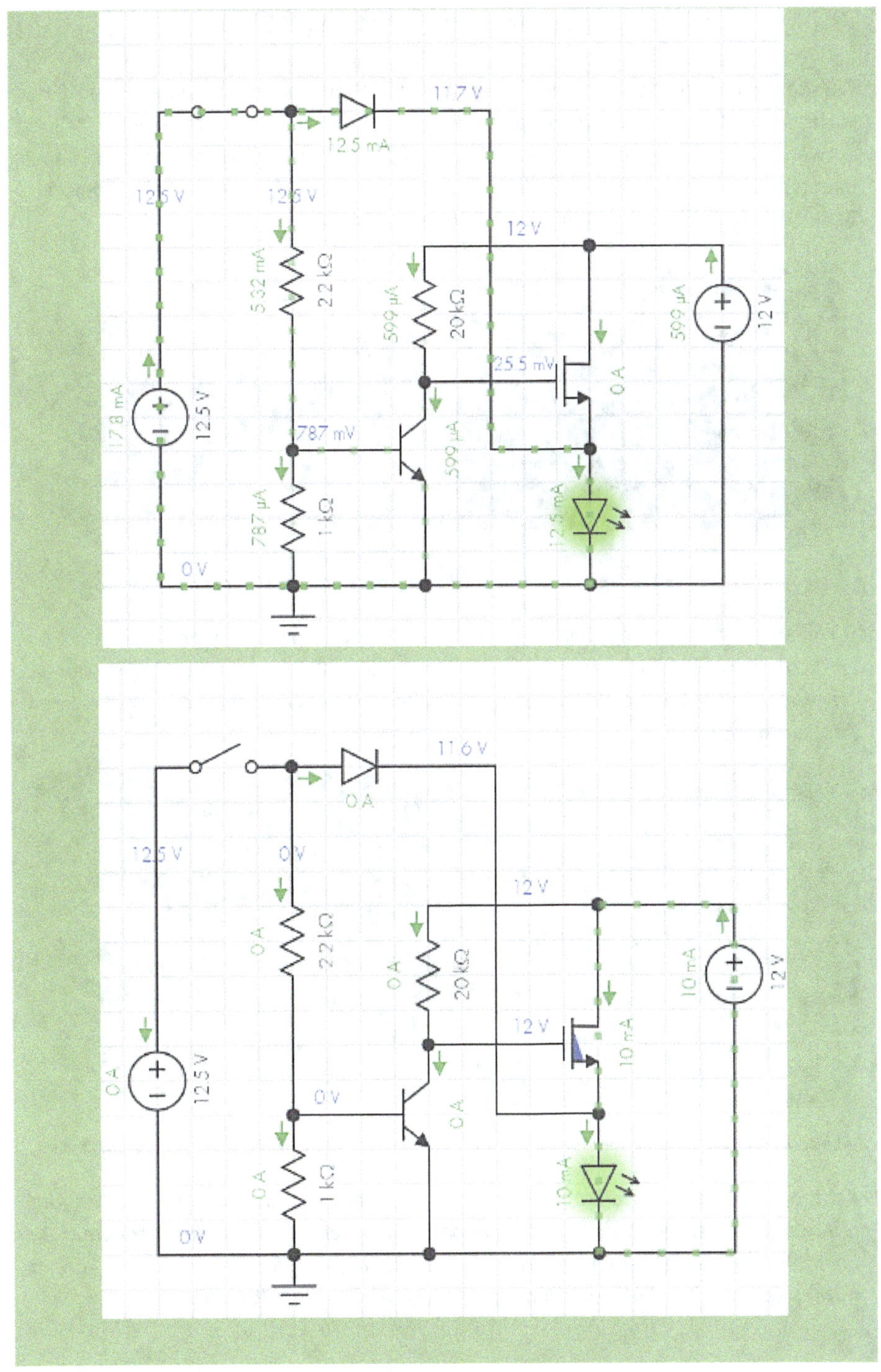

3.4.1 Leiterplatte / Platine (PCB)

Wir können solche Schaltungen in der Realität auf praktische Weise auf einer Lochrasterplatte, die auch Stripboard genannt wird, zur Prototypenerstellung entwerfen. Solche Stripboards sind keine dauerhaften Lösungen, sondern dienen hauptsächlich der einfachen Anbringung von unterschiedlichen elektronischen Bauelemente per Hand im Sinne der Prototypenherstellung.

Abbildung 22: Den Prototyp einer Schaltung mit einem Stripboard herstellen

Für eine zuverlässige und dauerhafte Lösung sind Leiterplatten oder Platinen (PCB = „printed circuit board") am gebräuchlichsten. Diese Platten dienen einfach nur als Trägerelement für elektronische Bauteile wie Widerstände, Transistoren, Kondensatoren, usw.

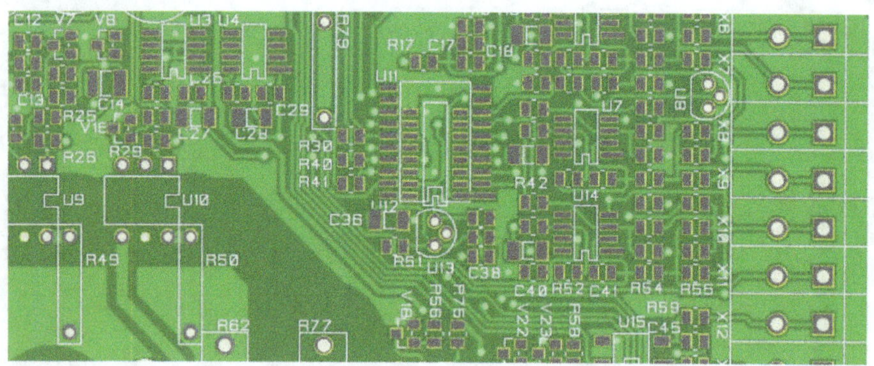

Abbildung 23: Eine Leiterplatte / Platine (mittlerweile auch online nach eigenen Wünschen bestellbar)

Achtung: Platinen-Herstellung bitte nicht ohne Erfahrung ausprobieren, der Umgang mit Ätzmitteln ist gefährlich, Sicherheitsbestimmungen des Herstellers beachten! Die nachfolgenden Informationen sind keine Handlungsempfehlung! Platinen können mittlerweile auch online nach den eigenen Entwürfen bestellt werden.

Um eine Platine zu entwerfen, können wir z. B. mit Hilfe von Computerprogrammen Schaltungen virtuell auf Platinen zeichnen und diese dann gespiegelt auf Hochglanzpapier ausdrucken. Das Hochglanzpapier überträgt die Schaltungen dieses Drucks dann auf die Leiterplatte, wenn man es erhitzt. Um die Isolierung von gedruckten Leitungen zu entfernen, verwendet man dann verdünnte FeCl2-Lösung. Das Entfernen der Isolierung bei leitenden Drähten wird allgemein als **Ätzen** bezeichnet. Durch den **Ätzvorgang** wird überschüssiges Kupfer auf der Platine entfernt und die gewünschten Leiterbahnen verbleiben. Nach dem Reinigen und Trocknen können Löcher gebohrt werden, die erforderlichen Bauteile wie Widerstände, Transistoren, usw. hinzugefügt werden und man hat dann eine funktionierende Leiterplatte. Natürlich werden solche Platinen in der Industrie nicht manuell, sondern maschinell gefertigt. Handys, Computer, TV-Fernbedienungen und alle anderen elektronischen Geräte haben Leiterplatten als essentielles Trägermaterial für Bauteile, die in Schaltungen zusammenwirken und die von uns gewünschten Funktionen ausführen.

3.4.2 Das Multimeter: Strom- und Spannungsmessung in der Praxis

In der elektrotechnischen Praxis verwenden wir häufig Multimeter als Messgeräte. Multimeter mit zwei Anschlüssen können Spannung, Strom, Widerstand, Kapazität und Induktivität messen. Sie können auch die Polarität von Transistoren und eine Durchgangsprüfung damit durchführen. Die Durchgangsprüfung sagt uns, ob ein Stromkreis kurzgeschlossen ist oder nicht. Multimeter können dabei immer nur eine Variable auf einmal messen (wie Strom oder Spannung). Um mehrere Parameter zu messen, müssen wir mehrere einzelne Geräte verwenden. In der nachfolgenden Abbildung ist ein einfaches Multimeter mit den verschiedenen Messbereichen dargestellt. Je nachdem, was man messen möchte, dreht man das Einstellrad auf den jeweiligen Bereich.

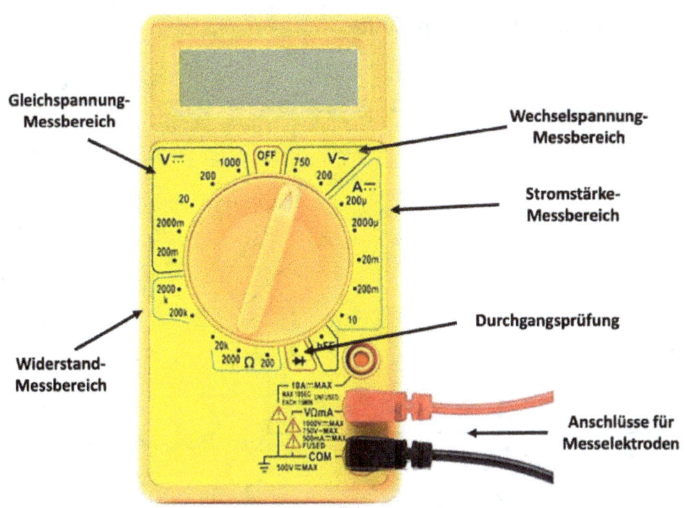

Bei einer Messung geht man immer von der höchstmöglichen Spannung oder Amperestärke, bzw. Widerstandswert aus und dreht die Anzeigeeinstellung dann so lange runter, bis ein geeigneter Wert angezeigt wird. Das heißt z. B., dass wenn man eine Messung an einer Gleichspannungsquelle durchführt und man vermutet einen Wert zwischen 20 und 200 V, dass man den Einstellbereich auf 200 Volt dreht.

Wenn man eine Spannung messen möchte, muss man die Messelektroden parallel zur Spannungsquelle oder zu dem Bauteil, welches man messen möchte, anschließen. Das würde dann im Fall einer Glühbirne z. B. so funktionieren:

Spannung messen (parallel)

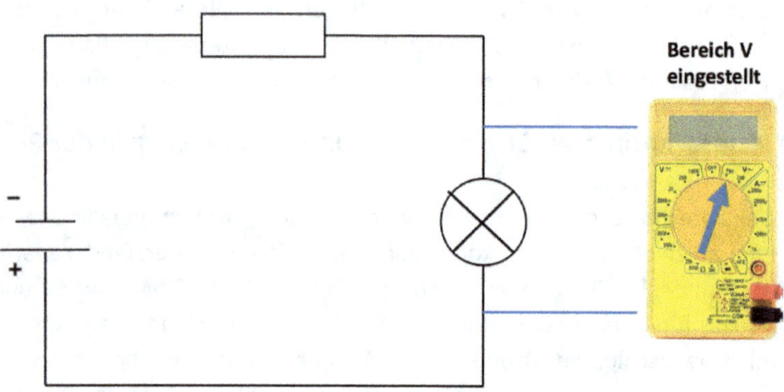

Und wenn man die Stromstärke eines Verbrauchers messen möchte, muss man das Messinstrument (Multimeter) in Reihe zu dem Verbraucher schalten, also die Leitung auftrennen. Das würde dann so funktionieren:

Strom messen (in Reihe)

4 Gleichstrom vs. Wechselstrom & Sinuswellen

4.1 Einführung zum Thema

Was ist Strom und was ist Spannung? Was ist Gleichstrom und was ist Wechselstrom? Diese allgemein bekannten Begriffe werden oft verwendet, ohne genau zu wissen, was sich dahinter verbirgt. Bisher haben wir uns weitestgehend nur mit Gleichstrom befasst. In diesem Kapitel werden wir uns die grundlegenden Unterschiede dazu etwas näher ansehen. Strom kann man sich ganz einfach als Fluss von Ladungen in einem elektrischen Leiter vorstellen. Spannung hingegen ist einfach die Energie einer Ladung, die in diesem Leiter fließt. Wechselstrom ist, wie der Name bereits vermuten lässt, eine Stromart, die seine Flussrichtung (Polung) mit der Zeit wechselt. Dies geschieht periodisch, das heißt wiederkehrend. Bei Gleichstrom ist das nicht der Fall, hier bleibt die Flussrichtung (Polung) mit der Zeit gleich. Das gilt gleichermaßen für die Begriffe Wechselspannung und Gleichspannung, wobei hier eben die Spannung betrachtet wird.

Bis jetzt haben wir Schaltungen untersucht, die mit Gleichstrom arbeiten. Zum Beispiel haben wir uns im ersten Kapitel mit Widerständen beschäftigt. Es gibt aber auch Elemente in der Elektronik, die für den normalen Betrieb eine Änderung von Spannung und Strom benötigen. Diese Elemente (**Kondensatoren** und **Induktoren**) haben ebenfalls einige wichtige Anwendungsgebiete in der Elektrotechnik und Telekommunikationstechnik. Für ein gutes Verständnis der Funktionsweise befassen wir uns im Folgenden zunächst mit Sinuswellen, da diese periodischen Wellen die kontinuierliche Änderung der Spannung bzw. des Stroms darstellen und die Grundlage zur Beschreibung bilden. **Wechselstrom** (Sinuswellen) wird bei der Übertragung (z. B. durch einen Strommast) von elektrischem Strom verwendet. Sinuswellen haben auch in der Erforschung von Information und Kommunikation einen hohen Stellenwert und bieten sehr interessante Eigenschaften. **Gleichstrom** wird heutzutage meist auf Niederspannungsanwendungen beschränkt. Gleichstrom kann keine Informationen codieren, da er nur in eine Richtung fließt. Warum Gleichstrom für den Zweck der Übertragung von Strom (z. B. Strommast) nicht effizient ist, ist ebenfalls ein interessantes Thema, das wir im nächsten Kapitel behandeln werden. Dieses Kapitel ist wie bereits erwähnt zunächst dem Studium von Sinuswellen gewidmet. Wir werden in diesem Kapitel dazu passend auch **Kondensatoren, Induktoren** (Induktivitäten) und **RLC-Schaltungen** behandeln.

4.2 Wechselspannung / Wechselstrom

Wechselspannung / Wechselstrom (engl.: „AC" = alternating current) variiert sinusförmig mit der Zeit. Abbildung 25 zeigt eine Sinuswelle. Diese Arten von Wellen besitzen eine **Zeitperiode** und eine **sogenannte Phase**. Die Periode ist einfach gesagt, die Zeit, nach welcher sich das Muster einer Welle wiederholt. Eine einfache Sinusfunktion $f(x) = sin(x)$, hat eine Periode von 2π. Der Begriff Phase beschreibt einfach gesagt die Verschiebung einer Welle. Die schwarze Welle in Abbildung 25 ist z. B. um $\frac{\pi}{2}$ nach rechts auf der x-Achse verschoben, daher ist ihre Phase $\frac{\pi}{2}$. In der Formel der Funktion wird dies mit dem Term $-\frac{\pi}{2}$ ausgedrückt.

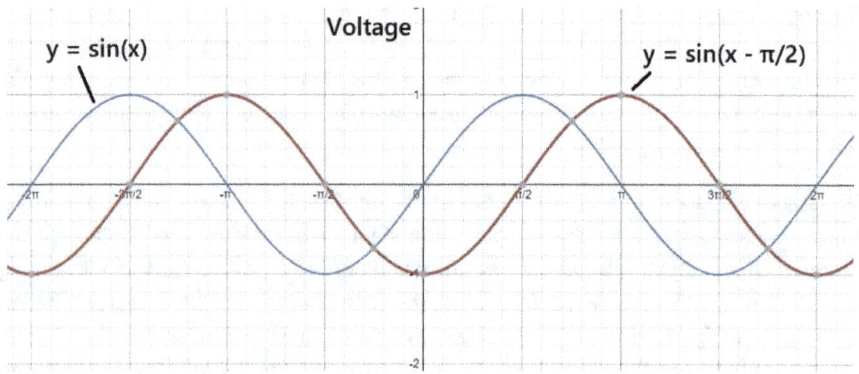

Abbildung 25: Darstellung von $sin(x)$ in blau und $sin\left(x - \frac{\pi}{2}\right)$ in rot

Die **Frequenz** einer Sinuswelle ist der Kehrwert ihrer Periode. Im Allgemeinen zeigt die Frequenz den Grad der Stauchung- bzw. Dehnung einer Welle an. Man kann auch sagen, dass die Frequenz die Anzahl der Perioden in einer Sekunde anzeigt. Die Frequenz wird in Hertz gemessen, benannt nach dem deutschen Physiker Heinrich Hertz. 1 Hz entspricht dabei einer Schwingung pro Sekunde, also 1/s. Die schwarze Welle in Abbildung 26 ist nun z. B. stärker gedehnt als die ursprüngliche Welle (lila), ihre Frequenz ist nur halb so groß wie die Frequenz der ursprünglichen lila Welle. Die Frequenz des haushaltsüblichen Stroms beträgt 50 Hz bzw. 60 Hz und variiert je nach Region. 50 Hz bedeutet, dass sich ein Zyklus in einer Sekunde 50-mal wiederholen kann. 50 Hz bedeutet auch, dass die Wechselstromwelle 50-mal in einer Sekunde die Nullspannung (x-Achse im Koordinatensystem) überquert, da sich die Richtung des Wechselstroms / der Wechselspannung wie bereits bekannt ändert. Das heißt im Grunde, dass sich eine Glühbirne 50-mal in einer Sekunde ausschaltet. Diese Schwankungen sind für das menschliche Auge aber nicht wahrnehmbar, da zu schnell. Wir könnten diese Schwankungen jedoch mit einer Zeitlupenkamera sichtbar machen.

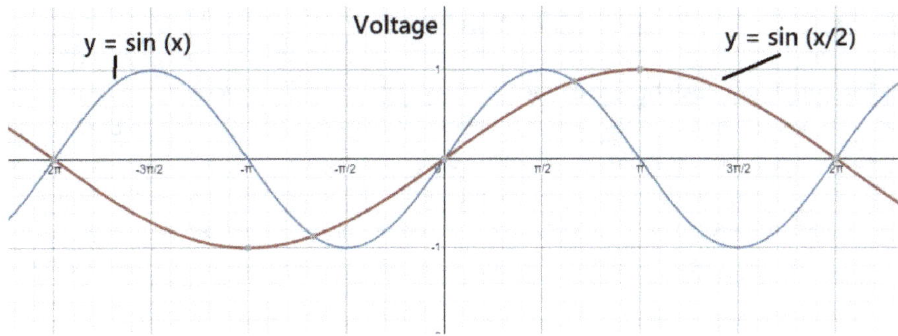

Abbildung 26: Darstellung von $sin(x)$ in blau und $sin\left(\frac{x}{2}\right)$ in rot

Folgende wichtige Beziehungen sollten Sie sich im Zusammenhang mit Wellen einprägen:

1) Die Frequenz von $sin(2 \cdot x)$ ist doppelt so hoch wie bei $sin(x)$, die Periode ist halb so groß.

2) Die Periode von $sin\left(x - \frac{\pi}{2}\right)$ ist um $\frac{\pi}{2}$ verzögert (verschoben) als wie im Original $sin(x)$

4.3 Reihenschwingkreis (RLC-Schaltung)

Neben Widerständen gibt es noch einige andere Elemente, die für elektronische Schaltungen grundlegend sind, nämlich **Kondensatoren** und **Induktivitäten** bzw. **Induktoren. Eine Schaltung mit einer Kombination aus Widerständen, Kondensatoren und Induktivitäten wird allgemein als Reihenschwingkreis oder auch RLC-Schaltung bezeichnet.** „R" steht dabei für Widerstand, „L" für Spule (Induktor) und „C" für Kondensator. Die Untersuchung von RLC-Schaltungen ist ein komplexes Thema und erfordert ein eigenes Kapitel. In diesem Abschnitt werden wir versuchen, einige Grundlagen zu dieser Schaltung und den dazugehörigen Bauteilen abzudecken.

4.3.1 Kondensatoren

Ein Kondensator besteht sehr einfach ausgedrückt aus nichts anderem als zwei Platten, die parallel zueinander angeordnet sind und einem Dielektrikum, das sich dazwischen befindet. Ein Dielektrikum ist einfach nur eine schwache oder gar nicht leitende Substanz (fest, flüssig, gasförmig) mit <u>nicht</u> frei beweglichen Ladungsträgern. Kondensatoren werden im Allgemeinen als Ladungsspeicher betrachtet, da sie, wenn ein elektrisches Potential angelegt wird, Spannung (Energie) in ihren Platten speichern können.

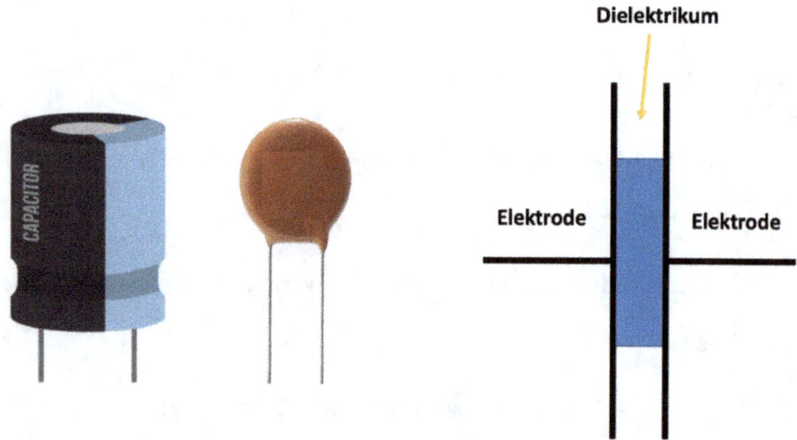

Abbildung 27: Zwei Typen von Kondensatoren: Elko (Elektrolytkondensator links) und Einschicht-Keramikkondensator (Mitte); sowie der allgemeine schematische Aufbau eines Kondensators (rechts)

Die Fähigkeit eines Kondensators, Ladung zu speichern, ist abhängig von der Fläche (A) der Platten, ihrem Abstand (d) und dem Dielektrikum (ε) zwischen den Platten. Diese Fähigkeit Ladung zu speichern, wird allgemein als **Kapazität** bezeichnet $\left(C = \frac{A}{\varepsilon d}\right)$, „ε" wird hierbei **Dielektrizitätskonstante** genannt. Wenn die Ladung in den Platten zunimmt, steigt auch die Spannung des Kondensators, und zwar so lange bis die Kapazität erreicht ist. Diese Aussage wird durch die Gleichung 4-2 mathematisch beschrieben:

$$Q(t) \propto U_c(t) \Rightarrow Q(t) = C \cdot U_c(t) \qquad\qquad \text{4-2}$$

In Bezug auf Spannung und Strom können wir diese Gleichung umschreiben zu:

$$\frac{dQ(t)}{dt} = C \cdot \frac{dU_c(t)}{dt} \Rightarrow I_c(t) = C \cdot \frac{dU_c(t)}{dt} \qquad \text{4-3}$$

Als Erinnerung: Strom ist der Fluss von Ladungen pro Zeiteinheit.

Gleichung 4-3 ist deshalb interessant, weil sie zeigt, dass der Strom in einem Kondensator nur fließt, wenn sich die Spannung ändert. Bei konstanter Spannung verhält sich der Kondensator wie ein offener Stromkreis, in welchem natürlich kein Strom fließen kann.

Situation - Gleichstrom: Wenn wir einen Kondensator in Reihe an einer Gleichspannungsquelle anschließen, beginnt die Aufladung der Platten. Im Laufe der Aufladung, stößt der Kondensator das Quellelektron ab und stoppt so den Stromfluss.

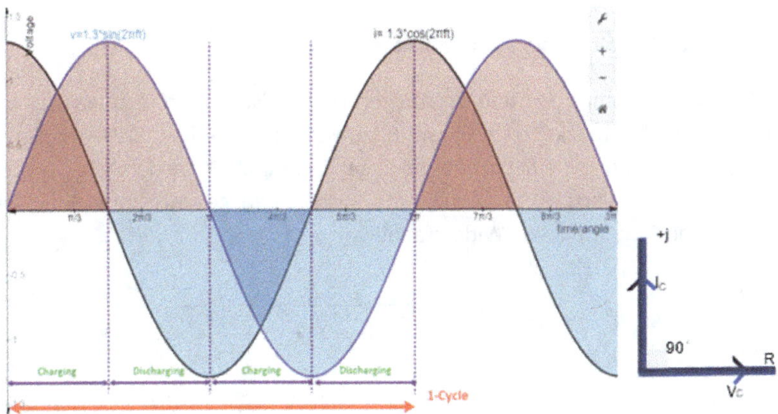

Abbildung 28: : Spannungswelle (Sinus) und Stromwelle (Cos) des Kondensators (Stromwelle „hinkt" der Spannung um $\frac{\pi}{2}$ hinterher. Ganz rechts ist das Phasendiagramm des Kondensators dargestellt

Situation – Wechselstrom: Wenn wir diesen Kondensator mit einer Wechselstromquelle verbinden, nimmt der Kondensator im ersten Viertelzyklus (von 0 bis $\frac{\pi}{2}$; siehe Abbildung 28) Spannung auf (d. h. speichert Ladung), die er im zweiten Viertel dann wieder abgibt. Im negativen Halbzyklus der Welle wiederholt sich diese Aktion, aber jetzt mit entgegengesetzter Polarität, d. h. im ersten Viertel lädt sich der Kondensator auf und entlädt sich dann im zweiten Viertel.

Es ist wichtig zu erwähnen, dass der Kondensator Spannung „absorbiert", gleichzeitig jedoch keinen Einfluss auf den Strom hat. Genau diese Absorption erzeugt eine Verzögerung der Spannung, und daher „hinkt" die Spannung im Kondensator dem Strom um $\frac{\pi}{2}$ hinterher. Die rechte Seite der obigen Abbildung zeigt das Phasendiagramm des Kondensators. Wie wir noch sehen werden, sind Phasendiagramme bei der Berechnung der Spannungs- und Strombeziehung von Kondensatoren nützlich.

Kapazitiver Blindwiderstand (Reaktanz):

Angenommen wir erhöhen die Frequenz der Wechselstromquelle, dann fließen mehr Elektronen in einer Zeiteinheit durch den Kondensator, was zu einem Anstieg des

Stroms führt. Dieser Anstieg des Stroms verringert den Widerstand des Kondensators. Auf die gleiche Weise steigt der Widerstand des Kondensators, wenn die Frequenz sinkt. Dieser sogenannte Blindwiderstand eines Kondensators wird allgemein als (kapazitive) **Reaktanz** (X_c) bezeichnet, und Gleichung 4-6 setzt ihn mit der Wechselstrom-Frequenz folgendermaßen in Beziehung:

$$X_c = \frac{1}{2\pi f C} \qquad\qquad \text{4-6}$$

<u>Reihen und Parallelschaltung von Kondensatoren:</u>

Aus der vorherigen Erläuterung und der obigen Formel ist ersichtlich, dass sich die Kapazität invers (d. h. umgekehrt) zu ihrem Blindwiderstand verhält. Daher addieren wir in der Parallelschaltung die Kapazität und in der Reihenschaltung den Kehrwert der Summe aus den Kehrwerten der Kapazitäten, also genau gegenteilig wie bei der Reihen- und Parallelschaltung von Widerständen.

Serienschaltung:

$$C_{eq} = \frac{1}{\left(\dfrac{1}{C_{eq_1}} + \dfrac{1}{C_{eq_2}} + \cdots + \dfrac{1}{C_{eq_n}}\right)} \qquad\qquad \text{4-7}$$
$$= \left(\frac{1}{C_{eq_1}} + \frac{1}{C_{eq_2}} + \cdots + \frac{1}{C_{eq_n}}\right)^{-1}$$

Parallelschaltung:

$$C_{eq} = C_1 + C_2 + \cdots + C_n \qquad\qquad \text{4-8}$$

4.3.2 Induktivitäten / Induktoren (Spule)

Jeder stromdurchflossene, leitende Draht erzeugt ein Magnetfeld um sich herum. Was passiert nun, wenn wir eine ganze Spule aus einem leitenden Draht wickeln? Das wollen wir uns in diesem Kapitel näher ansehen. Ein solcher zu einer Spule gewickelter Draht wird als Induktor bezeichnet.

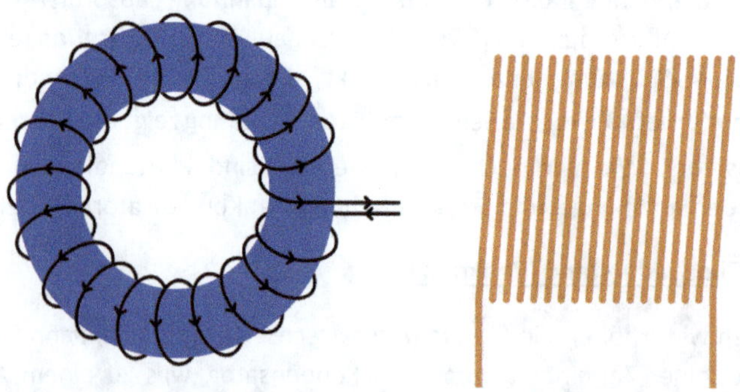

Abbildung 29: Ringkern (Toroid) Spule mit Eisenkern (links); Spule (rechts)

Was kann also Besonderes passieren, wenn wir einen Draht oder einen anderen Leiter zu einer Spule wickeln? Kurz gesagt, es ändert das erzeugte Magnetfeld. Wenn Strom durch diesen gewickelten Draht fließt, erzeugt er eine Änderung des Magnetfeldes und wenn sich dieser Strom ändert, wirkt das erzeugte Magnetfeld dem neuen Strom entgegen, sodass es sich nicht weiter ändern kann. Als Analogie kann man sich einen Induktor als ein Mühlenrad vorstellen, durch welches Wasser mit einer gewissen potentiellen Energie fließt. Zunächst steht die (Haft-)Reibung des Rades der Energie des Wassers entgegen, aber sobald das Wasser das Rad antreibt (Losbrechmoment) und die Haftreibung in Gleitreibung übergeht und damit geringer als die antreibende Kraft ist, „unterstützt" das Rad die Bewegung des Wassers in gewisser Weise aufgrund der Trägheit des Rades. Wenn nun auf einmal kein Wasser mehr fließt, setzt sich die Bewegung so lange fort (Trägheit), bis die Reibung zu „hoch" für die verbleibende Energie wird.

Was ist ein solches Bauteil? Ein Induktor ist ein Bauteil, das als Gegenstück des Kondensators betrachtet werden kann und dessen Arbeitsweise mit der **Lenz'schen Regel** erklärt werden kann. Die Lenz'sche Regel besagt, dass der durch die Induktion erzeugte Strom immer dem Verursacher (Magnetfeld) entgegengerichtet ist. Eine ggf. entstehende mechanische Kraftwirkung wird **Lorentzkraft** genannt.

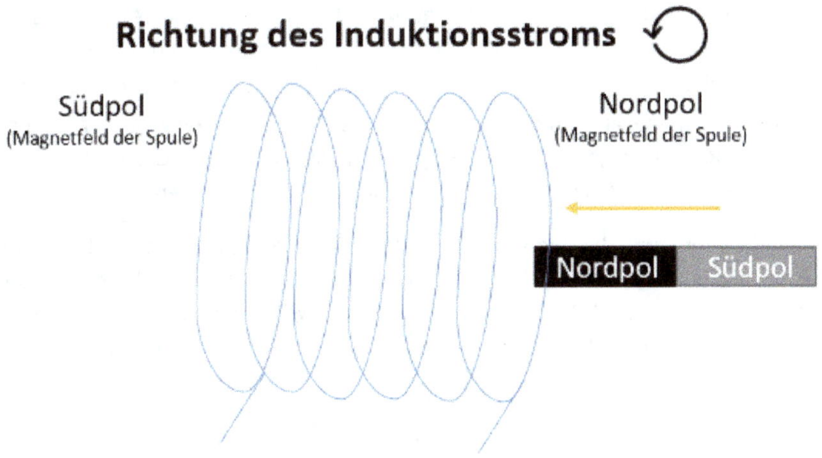

Abbildung 30: Die Lenz'sche Regel praktisch angewandt. Wenn man einen Magneten wie zu sehen auf die Spule hinzu bewegt, wird diese nach links ausweichen, da der Induktionsstrom in der Spule so gerichtet ist, sodass rechts ein Nordpol entsteht (gleiche Pole stoßen sich ab). Genau umgekehrt gilt es dann ebenfalls für den anderen Fall (Nordpol und Südpol; Anziehung statt Abstoßung)

Genau wie bei Kondensatoren gibt es auch bei Induktoren eine Konstante, die Induktivität, die uns die Fähigkeit eines Induktors, Energie im Magnetfeld zu speichern, angibt. Diese hängt von der Anzahl der Windungen und den Abmessungen, wie z. B.

der Länge, der Spule ab ($L = k \cdot N^2$), „k" ist hier einfach eine Konstante für die Abmessungen. „N" steht für die Anzahl der Windungen.

Genau wie bei Kondensatoren steigt also mit zunehmendem Strom in der Spule auch der magnetische Fluss des Induktors so lange bis die Induktivität erreicht ist. Mathematisch ausgedrückt heißt das:

$$\lambda(t) = L \cdot I_L(t) \qquad\qquad 4\text{-}9$$

Und eine einfache Ableitung nach der Zeit auf beiden Seiten ergibt:

$$\frac{\lambda(t)}{dt} = L \cdot \frac{dI_L(t)}{dt} \Rightarrow U_L(t) = L \cdot \frac{dI_L(t)}{dt} \qquad 4\text{-}10$$

Eigenschaften von Induktoren

Wie auch bei den Kondensatoren schließt ein **Gleichstromfluss** den Induktor kurz (idealerweise kein Widerstand). Da bei Gleichstrom keine Richtungsänderung des Stroms und daher keine Änderung des Magnetfeldes stattfindet, wird der Stromkreis einfach kurzgeschlossen, ohne dass eine Spannung induziert wird. Und im Falle eines **Wechselstroms** absorbiert die Induktivität während der ersten halben Periode der Sinuswelle den gesamten Strom, ändert aber nicht die Spannung. Und aufgrund dieser Absorption „hinkt" der Strom im Fall der Induktivität der Spannung um $\frac{\pi}{2}$ hinterher.

Wenn Sie noch einmal kurz an den Kondensator denken, fällt Ihnen vielleicht auf, dass es beim Kondensator genau andersherum war, also dass beim Kondensator die Spannung dem Strom um diesen Faktor nach „hinkt". Sehr gut aufgepasst!

Der Blind-Widerstand der Induktivität X_L (ebenfalls **Reaktanz** oder vollständiger: **induktive Reaktanz** genannt) hängt auch mit der Frequenz des Wechselstroms zusammen (Gleichung 4-11). Überlegen Sie sich dazu, wie ein Induktor reagiert, wenn der Stromfluss in einer Sekunde zunimmt oder abnimmt. Wir können diese Beziehung leicht ableiten:

Widerstand der Induktivität	$X_L = 2\pi f L$	4- 11

Der Begriff Reaktanz bezeichnet allgemein gesprochen einfach einen komplexen Widerstand. Bei Kondensatoren und Induktivitäten unterscheiden sich jedoch die Phasen von Strom und Spannung, was sich wiederum auf ihre Widerstände auswirkt. Um den Widerstand dieser Bauteile vom Widerstand eines einfachen Widerstands (hier ist das Bauteil gemeint) zu unterscheiden, dient daher der Begriff der kapazitiven bzw. induktiven Reaktanz.

Für die Schaltungsanalyse sind wiederum folgende Gesetzmäßigkeiten für die Reihen und Parallelschaltung von Induktoren von Bedeutung: *(Anmerkung: Vergleichen Sie die nachfolgenden Gleichungen mit denen des Kondensators, dann wird Ihnen etwas auffallen und Sie werden es sich auch leichter merken können)*

Serienschaltung
$$L_{eq} = L_1 + L_2 + \cdots + L_n \qquad\qquad 4\text{-}12$$

Parallelschaltung
$$L_{eq} = \frac{1}{\left(\dfrac{1}{L_{eq_1}} + \dfrac{1}{L_{eq_2}} + \cdots + \dfrac{1}{L_{eq_n}}\right)} \qquad\qquad 4\text{-}13$$
$$= \left(\dfrac{1}{L_{eq_1}} + \dfrac{1}{L_{eq_2}} + \cdots + \dfrac{1}{L_{eq_n}}\right)^{-1}$$

Reihenschwingkreise (RLCs) sind wie wir mittlerweile bereits wissen, einfach eine Kombination aus einem Widerstand, einem Kondensator und einem Induktor. Das ermöglicht insgesamt acht Szenarien ($\sum_{n=0}^{3}\binom{3}{n} = 8$) von RLC-Schaltungen, von denen zwei, einfache Serien- und Parallelschaltungen sind. Diese beiden Schaltungen sind auch am wichtigsten. RLC-Schaltungen werden in elektronischen Filtern, die wir wiederum für die Abstimmung von Radio- und Fernsehkanälen verwenden, Oszillatorschaltungen und in der Audiosteuerung, verwendet. Meistens werden RLC-Schaltungen dann angewendet, wenn die Analyse von Signalen erforderlich ist. Die meisten Anwendungen der Signalanalyse findet man wiederum in der Kommunikationstechnik. Für die Berechnung von RLCs benötigt man **Phasoren**. Phasoren sind, vereinfacht ausgedrückt, die Vektoren für 2-dimensionale komplexe Zahlen, welche in diesem Fall zur Lösung von Kondensatoren und Induktoren benötigt werden. Wenn wir einen linearen Widerstand mit einem Kondensator (RC-Schaltung) in Reihe schalten, verzögert sich die Spannung des Kondensators, da der Kondensator Spannung speichert. Für die gleiche Spannung von „R" (Widerstand) und „C" (Kondensator) erhalten wir ein rechtwinkliges Dreieck, das wir in seine Komponenten (Senkrechte und Basis) zerlegen können. Dasselbe gilt für die Induktivität. Die Spannung des Kondensators eilt nach und die des Induktors eilt voraus.

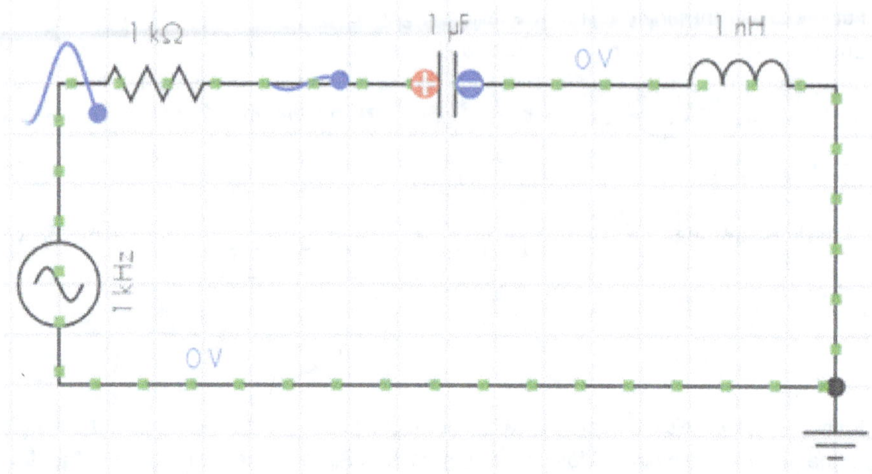

Abbildung 31: Reihen-RLC-Schaltung

Betrachten wir als Beispiel eine Reihen-RLC-Schaltung (Abbildung 31). Zur Lösung der Ersatzspannung verwenden wir die Werte von U_c und U_R als:

Satz des Pythagoras:
$$U_s = \sqrt{U_R^2 + (U_L - U_C)^2}$$
4- 14

Und für den Winkel dazwischen können wir die traditionelle Dreiecksformel wie folgt verwenden:

$tan(\theta) =$

$\dfrac{Gegenkathete}{Ankathete}$

$$\theta = tan^{-1} \frac{U_L - U_C}{U_R}$$
4- 15

Es ist auch wichtig, den Widerstand hier neu zu definieren, da wir hier eine Kombination aus Widerstand (eigentliches Widerstandsbauteil) und Reaktanz (Kondensator & Induktor) vorfinden. Dieser „Gesamt-Widerstand" in RLC-Schaltungen wird **Impedanz Z** genannt und beinhaltet reelle und komplexe Größen. Einfacher ausgedrückt kann man auch sagen, dass Widerstand und Reaktanz Spezialfälle der Impedanz sind. Ein Widerstand (R = Resistance) wird mit reellen Größen beschrieben und eine Reaktanz mit komplexen Größen.

Die Formeln 4-14 und 4-15 gelten für in Reihe geschaltete RLCs (Serien-RLC).

5 Stromversorgungssysteme

In diesem Kapitel möchten wir uns hauptsächlich mit der Stromübertragung durch Wechselstrom beschäftigen. Für die Stromübertragung könnte man auch Gleichstrom verwenden und das war auch vor langer Zeit der Fall. Aber aufgrund der hohen Verluste über große Entfernungen beim Einsatz von Gleichstrom musste man sich etwas anderes überlegen, da eine solche Stromübertragung im großen Stil nicht möglich war. Es war schon lange bekannt, dass Gleichstrom auf langen Strecken nicht effizient sein kann, und so führte man das Konzept der Wechselstromverteilung ein. Aufgrund der Hochspannung, die hierfür eingesetzt wird, waren die Gefahren des Wechselstroms eine große Hürde bei der Einführung. Dennoch liefert Wechselstrom billigen Strom, Gleichstrom hingegen wäre ineffizient. Das Wechselstrom-Verteilungssystem an sich ist zwar komplexer und kostspieliger als es bei einem Gleichstrom der Fall wäre, da es Transformatoren an jedem Ende der Kette benötigt, schlussendlich rechnet sich die Übertragung mit Wechselstrom aber dennoch in vielerlei Hinsicht.

5.1 Energie und Einheitensystem

Die elektrische Spannung ist die Energie von transportierten geladenen Teilchen. Der Begriff Leistung $P = U \cdot I$ wird für die „Energie" oder „Arbeit" von geladenen Teilchen, die durch einen Leiter fließen, verwendet. Üblicherweise wird der Begriff Energie hier definiert als die über eine bestimmte Zeit hinweg verbrauchte Leistung.

In Stromversorgungssystemen stehen sich zwei Faktoren gegenüber. Diese sind Lastbedarf und Erzeugung, da für eine maximale Effizienz die Generatoren auf ihren Nennwerten arbeiten müssen. Wir haben die kWh (Energie)-Berechnung bereits im ersten Kapitel kennengelernt. Ein kleines Beispiel zur Erinnerung: Ein 100-W-Deckenventilator, der acht Stunden am Tag für einen Monat (30 Tage) läuft, verbraucht: $100\,W \cdot (8\,h \cdot 30) = 24.000\,Wh = 24\,kWh$. Der Preis für eine Einheit (1 kWh) für Endverbraucher ist durch den jeweiligen Stromtarif des Stromanbieters festgelegt. Momentan liegt dieser durchschnittlich bei ungefähr 30 Cent pro kWh. Je nach Versorgungsunternehmen gibt es einen anderen Tarif. Der Tarif kann für verschiedene Verbraucher (z. B. gewerbliche oder private) unterschiedlich sein, er kann aber auch auf dem Leistungsfaktor, dem maximalen Bedarf oder dem Verbrauch pro Einheit basieren. Meistens basiert er auf dem Verbrauch pro Einheit, d. h. je mehr Einheiten verbraucht werden, desto geringer wird der Preis pro Einheit. In einigen Ländern, in denen die Stromnachfrage höher ist als die Stromerzeugung, ist genau das Gegenteil der Fall und die Tarife werden mit steigendem Verbrauch teurer.

Um die Laständerungen in einer Zeiteinheit zu verfolgen, werden sogenannte **Lastkurven** verwendet (meist in Verteilernetzen). Verteilerstationen verwenden diese Lastkurven, um eine Vorstellung von der monatlichen Nachfrage zu bekommen und Kraftwerke verwenden diese für die optimale Erzeugung. Für eine kostengünstige „Erzeugung" von Strom wird darauf geachtet, den Lastbedarf und die Erzeugung auf einem ähnlichen Niveau zu halten. Ein großer Schwachpunkt in Bezug auf Strom ist nämlich, dass wir elektrische Energie nicht direkt speichern können (außer in Batteriespeichern und mithilfe der Umwandlung in andere Energieformen, wie z. B. in potentielle Energie im Bereich der Wasserkraft). In der Praxis, insbesondere bei 3-Phasen-Systemen, die wir in diesem Kapitel noch kennenlernen werden, kann es schwierig sein, alle Generatoren mit dynamischen Verbraucherdaten und unvorhersehbaren Verbrauchstrends zu verwalten. In Systemen mit erneuerbaren Energien, in denen der Stromfluss bidirektional ist (d. h. vom Verbraucher zum Anbieter und umgekehrt, denken Sie an eine Stromeinspeisung mittels Photovoltaikanlage), können solche Dinge noch komplexer werden.

Die folgende Abbildung zeigt eine beispielhafte Lastkurve eines Haushalts an einem Tag (rechts). Die Lastdauer-Kurve (links) eines Haushalts in der folgenden Abbildung wird häufig für die Analyse des Lastverbrauchs in einem bestimmten Zeitbereich (wie in diesem Fall 4 Stunden) verwendet. Die Lastkurve gibt die Daten so wieder, wie sie in einem Haushalt verbraucht werden; die Lastdauer-Kurve ordnet diese in einer Weise an, sodass man eine Vorstellung von der Entwicklung vom Maximum zum Minimum bekommt.

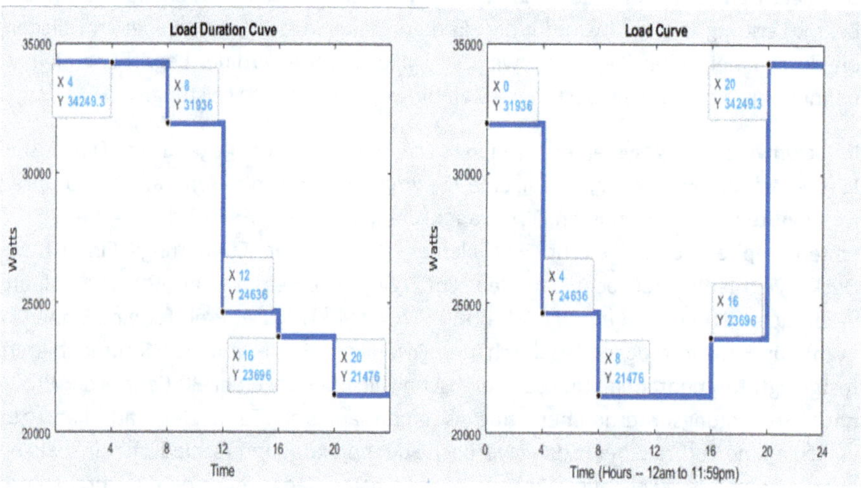

Abbildung 32: Lastkurve (rechts) und Last-Dauer-Kurve (links)

5.2 Das Leistungsdreieck

Wir haben im Vorangegangenen bereits eine Menge über Kondensatoren und Induktoren gelernt. Da solche passiven Elemente Energie speichern, erzeugen diese eine Phasenverschiebung zwischen Spannung und Strom – dies wirkt sich auch auf die Leistung aus, was wir bisher noch nicht besprochen haben. Das möchten wir in diesem Kapitel machen.

Betrachten wir eine induktive Schaltung, die einen „nacheilenden" Strom I aufnimmt und an die Quellenspannung U angeschlossen ist. Der Winkel dieser „Nacheilung" ist ϕ. Wenn wir annehmen, dass es keine Phasendifferenz zwischen Spannung und Strom gibt ($\varphi = 0$ - rein ohmscher Stromkreis), so ist die Gesamtleistung P hier einfach $U \cdot I$. Wenn wir nun jedoch ein reaktives Element (Kondensator oder Induktor) in den Stromkreis einfügen, wird eine Phasendifferenz in der Schaltung erzeugt ($\varphi > 0$). Die Gesamtleistung im Stromkreis wird in diesem Fall als Scheinleistung bezeichnet:

$$S = U_{total} \cdot I_{total} \text{ (\textbf{Einheit:} kVA)} \qquad \text{5-1}$$

Die Scheinleistung ist die Summe (Vektorsumme) ihrer Komponenten, wobei eine davon die horizontale Komponente (P), genannt **Wirkleistung** (Einheit: kW) ist und die andere die vertikale Komponente (Q), genannt **Blindleistung** (Einheit: kVAr) ist. Das „VAr" steht hierbei übrigens für VA reaktiv ("Volt-Ampère-réactif").

Diese drei Größen (S und deren Komponenten P und Q) bilden ein Dreieck, welches **Leistungsdreieck** genannt wird (siehe Abbildung 33). Da die Wirk- und die Blindleistung Bestandteile des Vektors **S** sind, gilt:

$$P = S \cdot cos\varphi = U \cdot I \cdot cos\varphi \qquad \text{5-2}$$
$$Q = S \cdot sin\varphi = U \cdot I \cdot sin\varphi$$

Die Scheinleistung S ist ein Vektor bestehend aus den Komponenten P und Q, sodass wie für jeden Vektor für dessen Betrag gilt:

Vektorform: $\qquad\qquad \vec{S} = \vec{P} + \vec{Q} \qquad\qquad \text{5-3}$

$$S = \sqrt{P^2 + Q^2} = \sqrt{(S \cdot cos\varphi)^2 + (S \cdot sin\varphi)^2}$$

Die Phasendifferenz zwischen Spannung und Strom lässt sich ausdrücken als:

$$\varphi = \tan^{-1}\frac{P}{Q} \qquad \text{5-4}$$

So wie wir bei der Impedanz gelernt haben, dass Widerstand (R) und Reaktanz (X) nur die Spezialfälle der Impedanz (Z) sind, kann man sich auch hier vereinfacht vorstellen, dass die Wirkleistung (P) und die Blindleistung (Q) Spezialfälle (eigentlich Komponenten) der Scheinleistung (S) sind. Allgemein gesagt, ist die Wirkleistung einfach diejenige Leistung, die von den ohm'schen Komponenten (z. B. Widerstand) verbraucht wird, und die Blindleistung ist diejenige Leistung, die in den reaktiven Komponenten in Form von Energie gespeichert ist.

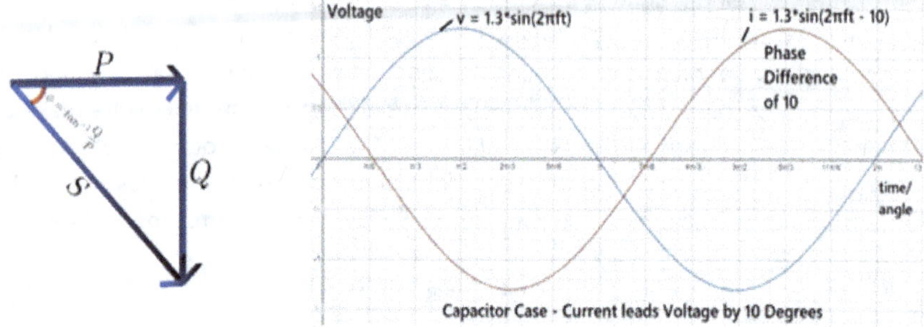

Abbildung 33: links: Leistungsdreieck - rechts: Phasendifferenz (10 Grad) im Fall eines Kondensators

Leistungsfaktor:

Die Blindleistung kann als Verschwendung oder abfälliges Nebenprodukt gesehen werden, daher sollte sie minimal sein. Dies wird durch den Leistungswirkungsgrad gemessen, der als Leistungsfaktor λ (auch Power Factor „PF" oder „p.f.") bezeichnet wird. Der Leistungsfaktor ist im Grunde ein Maß für die Qualität der Leistung im Stromkreis. Gar keine Blindleistung würde eine perfekte Stromqualität bedeuten. Mathematisch ausgedrückt bedeutet das:

$$\lambda = \frac{|\vec{P}|}{|\vec{S}|} = \frac{S \cdot cos\varphi}{S} = cos\varphi \qquad \text{5-5}$$

$$\lambda = \frac{|\vec{P}|}{|\vec{S}|} = \frac{I^2 \cdot R}{I^2 \cdot Z} = \frac{R}{Z}$$

Der Leistungsfaktor ist also einfach der Kosinus des Phasenwinkels, und wenn der Phasenwinkel null erreicht, wird die maximale Netzqualität ($\lambda = cos\varphi = 1$) erreicht, da in diesem Fall die Blindleistung ($S \cdot sin\varphi$) gleich null ist.

Was bedeutet das? – Ist Leistung nicht gleich Leistung?

Zum Einstieg kann einen das ziemlich verwirren, warum Leistung nicht gleich Leistung ist. Warum wird hier in zwei Leistungen unterschieden, und warum wurden ihnen bestimmte Namen zugewiesen? Wenn Wirkleistung die Leistung ist, die die Last für den normalen Betrieb benötigt (produziert Wärme, relativ vorstellbar), welche Rolle spielt dann diese sogenannte Blindleistung? Diese Fragen können zunächst verwirrend sein, aber alles ergibt einen Sinn, wenn wir uns das Funktionsprinzip von Blindenergieelementen etwas genauer ansehen.

Denken Sie kurz zurück und erinnern Sie sich daran, dass Kondensatoren einer Spannungsänderung und Induktoren einer Stromänderung entgegenwirken. Die Phasendifferenz (φ) entsteht in erster Linie wegen der entgegengerichteten Wirkung der reaktiven Elemente gegenüber solchen Spannungs- und Stromänderungen. Wir wissen bereits, dass Kondensatoren im ersten Viertelzyklus Spannung aufnehmen (Ladung) und im zweiten Viertel diese wieder abgeben (Entladung). Das Gleiche passiert mit Induktoren, aber statt Spannung nehmen diese den Strom auf. Da sie Strom aufnehmen (verbrauchen) und abgeben, kann man sagen, dass in Blindelementen Energie (oder Leistung) in Form von Feldern gespeichert ist. Im Fall von Kondensatoren ist es ein elektrisches und im Fall von Induktoren ein magnetisches Feld.

Wenn wir die Induktivität und die Kapazität der elektronischen Bauteile erhöhen, können diese mehr Widerstand gegen eine Änderung aufbringen und der Phasenwinkel nimmt zu. Betrachten wir als Spezialfall zum besseren Verständnis das Worst-Case-Szenario, bei dem die Phasendifferenz 90 Grad (Maximum) erreicht. Die einzige Leistung, die die Schaltung an diesem Punkt hat, ist die Blindleistung ($S = 0$, da $cos(90) = 0$). Physikalisch bedeutet es, dass die gesamte Leistung hier einfach zwischen Quelle und Last fließt.

Wir kennen nun bereits die Vorteile von Kondensatoren und Induktoren. In Stromversorgungssystemen werden Induktoren vor allem in Elektromotoren verwendet, deren gesamte Funktionsweise auf einer Rotation basiert, die durch das Magnetfeld des Induktors erzeugt wird. Auch hier wird ein Teil der Energie in Form von Blindleistung „verschwendet". Dies gilt es so weit wie möglich abzuschwächen. Um den Effekt der Blindleistung im Fall von Induktoren abzuschwächen, verwenden wir z. B. in Reihe geschaltete Kondensatoren. Warum? Vielleicht kommen Sie darauf, wenn Sie kurz über die Phasenverschiebung nachdenken. Wir haben gelernt, dass die Phasenverschiebung eines Induktors entgegengesetzt zu der Phasenverschiebung eines Kondensators ist. Wenn wir also eine Blindleistung von 1 kVAr von einer Quelle erhalten, liefert ein hinzugefügter Kondensator von 700 VAr bereits 700 VAr an den Induktor. Jetzt muss die Quelle also nur noch 300 VAr an Blindleistung an den Induktor liefern und „spart" somit 700 VAr. Ein solches Hinzufügen von Kondensatoren zur induktiven Last, um den Blindleistungsabfall zu verringern, wird **Leistungsfaktorkorrektur** genannt. Kurz gesagt, ist das Ziel dabei einfach nur die Energietransaktionen von Blindelement und Quelle möglichst zu minimieren. Diese Energietransaktionen treten auf, weil Blindelemente Energie in Form von (magnetischen und elektrischen) Feldern speichern.

5.3 Einphasiger und dreiphasiger Wechselstrom

Natürlich sind Wechselstromsysteme auch nicht vollkommen perfekt, aber dennoch immer noch besser für die Stromübertragung im Vergleich zu Gleichstrom. Einer der Vorteile von Wechselstrom gegenüber Gleichstrom ist die Möglichkeit des dreiphasigen Systems (auch bekannt als: Starkstrom, Drehstrom, Kraftstrom).

Ein einphasiges System (normaler Haushaltsstrom, dreiadriges Kabel) benötigt im Grunde nur zwei Drähte: die **Phase (L)** und den Nullleiter / **Neutralleiter (N)**. Zudem gibt es meist noch einen **Schutzleiter (PE)** zur Schutz-Erdung. Die Phase / Außenleiter

(L) (normalerweise braune, schwarze oder rote Ummantelung) ist ein Strom führender Draht. Der Neutralleiter (N) hingegen ist mehrheitlich blau ummantelt.

Der Strom fließt im Phasenkabel in Richtung der Last und nachdem er sein gesamtes Potenzial (Spannung) an die Last abgegeben hat (oder die Last es dem Strom entzogen hat), kehrt er über den Neutralleiter zur Quelle zurück, um mehr Spannung zu erhalten.

Dreiphasige (3ϕ) Systeme, haben die Besonderheit, dass sie drei Phasen bzw. Strom führende Adern (L1, L2, L3) haben. Sie benötigen jedoch <u>keine</u> drei Neutralleiter oder Schutzleiter, sondern begnügen sich mit je einem Neutralleiter und einem Schutzleiter. Starkstromkabel haben deswegen insgesamt fünf Adern (L1, L2, L3, N und PE).

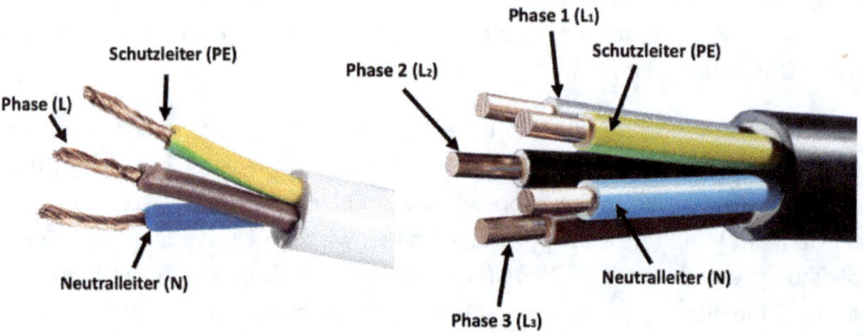

Abbildung 34: 3-adrig (links) für einphasigen Strom und 5-adrig (rechts) für Starkstrom

Die drei Ströme sind dabei mit einer Phasenverschiebung von 120 Grad versetzt. Drei Spulen eines Generators erzeugen diese drei Phasen der Wechselstromversorgung. So kann bei dreiphasigen Systemen die Wechselspannung ihren Spitzenwert dreimal in einem Zyklus erreichen. Diese Eigenschaft von 3ϕ-Systemen erzeugt ein rotierendes Magnetfeld, das für den Betrieb von Wechselstrommaschinen notwendig ist.

Mit dem Phasenwinkel von 120 Grad können wir die Spannungen der drei Phasen (A, B und C) wie folgt beschreiben:

$$U_{AN} = U_P < 0°$$
$$U_{BN} = U_P < -120°$$
$$U_{CN} = U_P < -240°$$

5-6

N steht hier für den Nullleiter und U_P ist der Betrag der **Phasenspannung**. Die Phasenspannung ist formal definiert als die Spannung zwischen Leiter und Nullleiter. Der Strom einer Phase wird als **Phasenstrom** bezeichnet.

Als **Leitungsspannung** wird die Spannung zwischen zwei Phasen bezeichnet.

$$U_{AB} = U_{AN} - U_{BN} = U_P < 0° + U_P < -120° = \sqrt{3}U_P < 30° \quad \text{5-7}$$
$$U_{BC} = \sqrt{3}U_P < -90°$$
$$U_{CA} = \sqrt{3}U_P < -210°$$

Aus Gleichung 5-7 geht hervor, dass sich der Betrag der Netzspannung zur Phasenspannung wie folgt verhält:

$$U_L = \sqrt{3}\,U_P \qquad\qquad 5\text{-}8$$

Mithilfe von Gleichung 5-7 ergibt sich außerdem, dass in den drei Phasen die Summe aller Spannungen gleich null ist, also: $U_{AB} + U_{BC} + U_{CA} = 0$.

Durch die Verwendung von KCL erhält man schließlich, dass auch die Summe aller Ströme (die gleich dem Neutralstrom ist) ebenfalls gleich null ist.

<u>Ausgeglichene Last:</u>

Eine an ein dreiphasiges-Wechselstrom-System angeschlossene Last kann symmetrisch oder unsymmetrisch sein. Wie der Name schon andeutet, bedeutet symmetrisch, dass alle Phasen gleich belastet sind. Unsymmetrisch bedeutet hingegen, dass die Phasen ungleich belastet sind.

Eine symmetrische Last kann auf zwei Arten konfiguriert werden: Zum einen in Sternkonfiguration (Y) und zum anderen in Dreieckskonfiguration (Δ) . Bei der Sternlast sind drei Phasendrähte an einen gemeinsamen Sternpunkt und einen Nullleiter angeschlossen. Diese Konfiguration findet Anwendung in der Stromverteilung.

Die Haupteinspeisung aus dem Stromnetz wird an einen Δ-Y-Transformator (Dreieck-Stern-Transformator) angeschlossen, der die Δ-Einspeisung in Y umwandelt. Aufgrund des Nullleiters in Y kann aus diesen 3ϕ eine einphasige Einspeisung mit einem Nullleiter (gemeinsam) an Verbraucher (wie z. B. Wohngebäude) mit relativ geringen Lastanforderungen geliefert werden. Deshalb haben wir bei unseren Alltagsgeräten und im Haus (normale Steckdose) drei Adern, von denen eine der Neutralleiter und der andere die Phase ist. Die dritte Ader ist wie bereits erwähnt der Schutzleiter (PE) zur Schutzerdung. Dieser Schutzleiter ist manchmal (z. B. bei einfachen Steckern für Lampen) nicht vorhanden.

Die Leitungsspannungen bei einer Sternlast-Konfiguration unterscheiden sich von den Phasenspannungen (einer Komponente), wohingegen der Leitungsstrom dem Phasenstrom entspricht (da die Last in Reihe geschaltet ist). Genauso wie wir zuvor die Leitungsspannungen abgeleitet haben, kann hier die gleiche Strategie verwendet werden:

STERNKONFIGURATION $\qquad\qquad U_L = \sqrt{3}\,U_P \qquad\qquad 5\text{-}9$
$$I_L = I_P$$

Eine Delta-Konfiguration hingegen hat nur drei Phasen, die in einem Ring miteinander verbunden sind und besitzt keinen Nullleiter. Die Delta-Konfiguration hat ihre Anwendungen in der Spannungsübertragung. Abgesehen davon findet die Delta-

Konfiguration Anwendung bei elektrischen Maschinen. Die Netzspannung im Dreieck ist gleich der Phasenspannung (da die Last parallelgeschaltet ist):

DELTA-
KONFIGURATION
$$U_L = U_P$$
$$I_L = \sqrt{3}I_P$$
5-10

Gewöhnliche Haushaltsverbraucher (z. B. Föhn, Waschmaschine, Lampe) benötigen nur eine einzelne Phase. Von der Dreiphasen-Versorgung des Stromanschlusses wird also eine einzelne Phase mit einem Neutralleiter auf Bereiche des Hauses verteilt. Alle Haushaltslasten haben einen gemeinsamen Neutralleiter, der zum Ausgleich der Asymmetrien verwendet wird. Um diese Asymmetrien zu messen, entwickelte C. L. Fortescue die Methode der **symmetrischen Komponente**, die besagt, dass jede Phase drei Komponenten hat, die als null, positiv und negativ bezeichnet werden. Diese Methode ist hilfreich bei der Lösung von Problemen mit unsymmetrischen Lasten. Darauf werden wir hier aber nicht näher eingehen.

Kraftwerke versuchen im Allgemeinen das Gleichgewicht der Lasten aufrechtzuerhalten, d. h. sie prognostizieren den Lastbedarf und verteilen die Last gleichmäßig auf jede Phase.

5.4 Wie kommt der Strom ins Haus? Die Stromversorgungssysteme

In diesem Abschnitt verschaffen wir uns zum Abschluss des Kapitels noch einen Überblick darüber, wie der Strom nun von den Erzeugungsanlagen zu den Endverbrauchern verteilt wird.

Der Hauptbestandteil eines Wechselstromversorgungssystems ist der Transformator, auf den wir im nächsten Kapitel näher eingehen werden. Transformatoren erhöhen oder verringern einfach gesagt nur die Spannung. Sie haben zwei Seiten, eine wird als primär, die andere als sekundär bezeichnet. Die Leistung und Impedanz auf beiden Seiten bleiben konstant, sodass eine Änderung der Spannung den Strom folgendermaßen ändert (Ohm'sches Gesetz): Wenn man die Spannung erhöht, sinkt der Strom, was letztlich die Verlustleistung senkt. Nun könnten wir zwar auch Gleichstrom auf hohe Spannungen transformieren, aber aufgrund von diversen weiteren Vorteilen sind Wechselstromsysteme dennoch vorzuziehen. Ein Übertragungs- und Verteilungsnetz verwendet die folgenden Schritte:

1) Strom wird (im Allgemeinen) mit 11kV **„erzeugt"**
2) Um die Leistungsverluste zu reduzieren, werden diese 11 kV dann auf 132 kV für die Übertragung umgewandelt. Ab diesem Punkt wird das Delta-System (3φ, 3-Phasen) für die **Übertragung** verwendet. 132 kV ist eine optimale Wahl, da eine weitere Erhöhung des Wertes mehr Kosten verursachen würde (z. B. für Drahtisolierungen, Schaltanlagen und andere Transformatorausrüstungen) und

daher keine wirtschaftliche Steigerung mehr bringen würde. Wenn die Spannung weiter erhöht werden würde, würden die Kosten stärker als die Energie steigen.

- Die **Empfangsstationen** stufen diese Spannung dann auf 33 kV herunter und übertragen die Versorgung an die Netzstationen der Stadt. Diese Übertragung wird bevorzugt unterirdisch durchgeführt.

- **Die Netzstationen** regeln diese Spannung weiter auf 11 kV herunter und verteilen sie über die Transformatoren der Netzstationen.

- Die Transformatoren (Δ-Y-Transformatoren) senken die Spannung dann weiter auf 400 V und liefern diese mit einem Nullleiter zum **Verbraucher**. Einige Länder (wie Nordamerika und Kanada) verwenden 210 V Systeme; aber 400 V ist immer noch am meisten verbreitet. An der Haussteckdose liegen dann je nach Land 230 V bzw. USA: 110 V an.

Für die Freileitungen werden Masten und Türme (für die 132-kV-Versorgung) verwendet (siehe Abbildung 35).

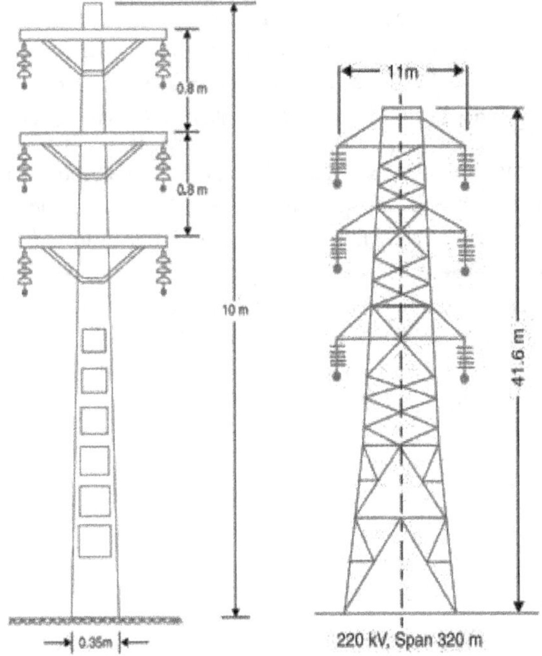

Abbildung 35: Übertragungsmast (links) und Stahlturm (rechts)

5.5 Schutz des Stromnetzes

Im Stromversorgungssystem kann es zu verschiedenen Fehlern kommen, die eine Abschaltung des gesamten Verteilungssystems und manchmal schwere Schäden an teuren Geräten verursachen können. Deshalb ist es wichtig, das Auftreten dieser Fehler zu minimieren und wenn sie auftreten, ist es wichtig, ein System zu haben, welches die teuren Geräte schützt und die Stromversorgung in kürzester Zeit wiederherstellt.

Gründe für diese Kurzschlussfehler können z. B. Isolationsschäden, ein Blitzeinschlag, ein spezieller Unfall oder auch Naturkatastrophen sein. Zum Schutz des Systems werden Relais mit Leistungsschaltern (CBs) verwendet, um Stromstöße zu verhindern. Das Relais in Schutzsystemen arbeitet in verschiedenen Modi mit Strom- und Potenzialwandlern (CT und PT). Stromwandler reduzieren die Stromstärke auf ein niedrigeres Niveau (normalerweise 5 A Standard), und Potenzialwandler reduzieren die Spannungen. Ein Stromwandler mit 5 A sekundär ist normalerweise mit einem Relaisgerät verbunden, das im Falle eines Fehlers die Leistungsschalter auslöst.

Die Erfassungsgeräte bei der Fehlererkennung sind also Relais. Die Qualität eines zuverlässigen Relais besteht darin, dass es Zuverlässigkeit (das Relais arbeitet bei allen Fehlern) und Sicherheit (das Relais arbeitet nicht bei falschen Fehlern) garantieren muss. Relais werden auf der Grundlage dieser beiden Parameter entworfen. Die Einstellung des sogenannten Pick-Werts des Relais (Spannungsgrenze für den Relaisbetrieb) dient der Zuverlässigkeit und die Einstellung der Zeitverzögerung (Verzögerung nach dem Abfallen der CB-Signale des Relais) dient der Sicherheit.

Neben den traditionellen mechanischen elektromagnetischen Relais gibt es mittlerweile auch Solid-State-Relais mit Vorsteuerung und autonomem Betrieb. Diese Relais sind in Konzepten wie einem sogenannten intelligenten Stromnetz (smart grid) einsetzbar. Das Problem mit Fehlern ist, dass sie, sobald sie auftreten, normalerweise menschliches Eingreifen erfordern. Um menschliche (Entscheidungs-)Fehler zu reduzieren, bietet dieses Konzept der autonomen Relais, vergleichbar mit dem Konzept des autonomen Fahrens, enormes Verbesserungspotential. Die Implementierung ist jedoch aufgrund von Ressourcen- und Komplexitätsbeschränkungen (noch) begrenzt.

6 Elektrische Maschinen

Elektrizität ist eine Hauptenergiequelle für uns geworden, da die Energie, die wir für unsere täglichen Aufgaben und zur Unterhaltung (Arbeiten, Kaffeekochen, Wäsche waschen, Fernsehen, ...) benötigen, durch Umwandlung von elektrischer Energie in andere Formen gewonnen werden kann. Wenn wir mechanische Arbeiten verrichten (z. B. ein Loch mit einer Bohrmaschine bohren), erfordert dies die Umwandlung von elektrischer Energie in eine Art von Rotationsenergie. Elektromotoren sind die Basis dafür. Die Rückwandlung von mechanischer Energie in elektrische Energie ist wiederum mit Hilfe von Generatoren möglich. Im Grunde und vereinfacht gesagt ist übrigens jeder Elektromotor zugleich als Generator und jeder Generator zugleich als Elektromotor nutzbar, da diese die gleiche Bauart haben. Es kommt nur darauf an, ob Strom angeschlossen wird oder ob die Welle durch mechanische Arbeit gedreht wird und dann Strom an den Anschlüssen abgegriffen wird.

In diesem Kapitel werden wir die Physik, die Grundprinzipien und die Funktionsweise von elektrischen Maschinen behandeln. Das Kapitel ist für ein grundlegendes Verständnis von elektrischen Maschinen gedacht. Wir werden im Laufe des Kapitels übrigens nur Elektromotoren behandeln, da Generatoren wie bereits erwähnt baugleich sind.

6.1 Magnetfeld und elektrische Maschinen – Grundlagen

6.1.1 Faraday'sches Induktionsgesetz

Wie wir bereits gelernt haben, erzeugt ein stromdurchflossener Leiter, gewickelt um einen magnetischen Kern, ein Magnetfeld *(Ampere'sches Gesetz)*. In gleicher Weise wissen wir bereits, dass die Änderung des Magnetfeldes eine Spannung in einem Induktor induziert (**Faraday'sches Gesetz**).

Ein stromdurchflossener Draht, der ein Magnetfeld erzeugt, hat einen gewissen **magnetischen Fluss Φ**. Dieser magnetische Fluss Φ hängt von der Anzahl der Windungen der Spule (n) ab, die um einen Magnetkern der Länge (l_c) und Fläche (A) gewickelt sind. Je stärker magnetisch das verwendete Material für den Kern ist, desto mehr Strom erzeugt dieser Fluss. Diese Fähigkeit der Magnetisierung eines Materials wird als seine **Permeabilität (μ)** bezeichnet.

Ampere'sches Gesetz
$$\Phi = \mu \cdot I \cdot \frac{n \cdot A}{l_c} = k_1 \cdot I \Rightarrow \Phi \propto I \qquad \text{6-1}$$

Die Permeabilität von Stahl ist z. B. etwa 1600-mal größer als die von Luft, sodass der magnetische Fluss in Stahl 1600-mal mehr Strom induziert als der magnetische Fluss in Luft.

Bei elektrischen Maschinen geht es uns vor allem um die **Flussverkettung** (auch Induktionsfluss, Verkettungsfluss, Spulenfluss) ψ, welche als der gesamte magnetische Fluss einer Spule (Induktor) definiert ist. Man erhält diese durch Integration der magnetischen Flussdichte über die Fläche der Spule inkl. Anschlüsse. Bei einem homogenen Feld (Feldlinien gleich stark und gleichgerichtet) im Kern lässt sich das aber vereinfacht für eine Spule mit n-Windungen wie folgt ausdrücken:

$$\psi = n \cdot \Phi = \mu \frac{n^2 A}{l_c} \cdot I = L \cdot I \qquad\qquad \text{6-2}$$

Wenn wir einen Vergleich zum Kondensator ziehen, bei dem wir die Kapazität (C) in Abhängigkeit vom dielektrischen Medium (ε), dem Abstand zwischen den Platten (d) und ihrer Fläche (A) hatten, haben wir hier die Induktivität L einer Spule, die von „n", „A", „l_c" und „μ" abhängt.

Es gilt daher:

Faraday'sches Induktionsgesetz
$$\frac{d\psi}{dt} = U_{ind} = -n \cdot \frac{d\Phi}{dt} \qquad\qquad \text{6-3}$$

6.1.2 Das magnetisch-ohm'sche Gesetz

Wenn elektrischer Strom durch eine Spule fließt, induziert er ein Magnetfeld im Kern. Je geringer der magnetische Widerstand (**Reluktanz**; R_m) des Kerns ist, desto mehr elektromotorische Kraft F, die wiederum den magnetischen Fluss (Φ) erhöht, wird vom Strom erzeugt. Genau wie die elektrischen Widerstände in einer Reihenschaltung addiert sich auch die Reluktanz des Magnetkreises $R_{m1} + R_{m2} + \dots + R_{mn}$ und genau wie in der elektrischen Parallelschaltung ergibt sich folgender Ausdruck: $(\frac{1}{R_{m1}} + \frac{1}{R_{m2}} + \dots + \frac{1}{R_{mn}})^{-1}$.

6.1.3 Kraft in einem Strom führenden Leiter in einem magnetischen Feld

Wenn wir einen Strom führenden Leiter in ein Magnetfeld der Dichte **B** (**magnetische Flussdichte**) legen, induziert dies eine Kraft, die sogenannte **Lorentz-Kraft**, auf diesen Leiter. Der Grund für diese Kraft ist einfach die Wechselwirkung zwischen dem Leiter und dem umgebenden Magnetfeld.

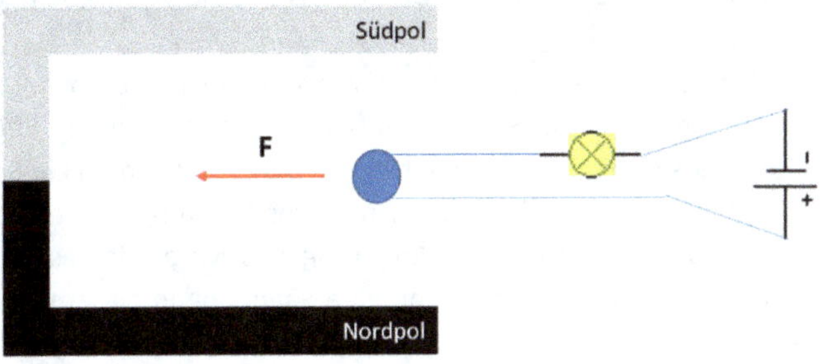

Abbildung 37: Ein stromdurchflossener Leiter (blau) erfährt eine (Lorentz)-Kraft in einem Magnetfeld

Der Vektor dieser Kraft lautet:

$$\mathbf{F} = I \cdot (\mathbf{l} \times \mathbf{B}) \rightarrow F = I \cdot l \cdot B \cdot sin\theta \qquad \text{6-5}$$

$$F \cdot r = \tau = r \cdot I \cdot l \cdot B \cdot sin\,\theta \qquad \text{6-6}$$

Das „r" ist hier der Radius der Schleife und wird benötigt, um die Drehmomentgleichung zu erhalten und „B" ist hier die magnetische Flussdichte.

Zudem gilt:

$$\Phi = B \cdot A \qquad \text{6-7}$$

Für die Bestimmung der Richtung der Kraft bzw. des Kraftvektors gibt es die sogenannte Rechte-Hand-Regel, von der Sie vielleicht schon einmal etwas gehört haben. Wenn es Ihnen schwerfällt, die obigen Formeln zu verstehen, dann stellen Sie sich einfach vor, dass die Kraft hier senkrecht zu einer Ebene l x B ($\mathbf{F} \perp \mathbf{I} \times \mathbf{B}$) steht. Da die Kraft also eine senkrechte Komponente der Ebene l x B ist, kann man gemäß dem Dreiecksgesetz $sin\,\theta$ verwenden. Da der Strom keine Vektorgröße ist, werden wir hier seine Länge (l) als Vektor nehmen. Zur Erinnerung: Beim **Kreuzprodukt** zweier Vektoren gilt, dass das Kreuzprodukt zweier Vektoren, die senkrecht zueinanderstehen, einen neuen Vektor ergibt, der senkrecht zu den beiden Ausgangsvektoren steht.

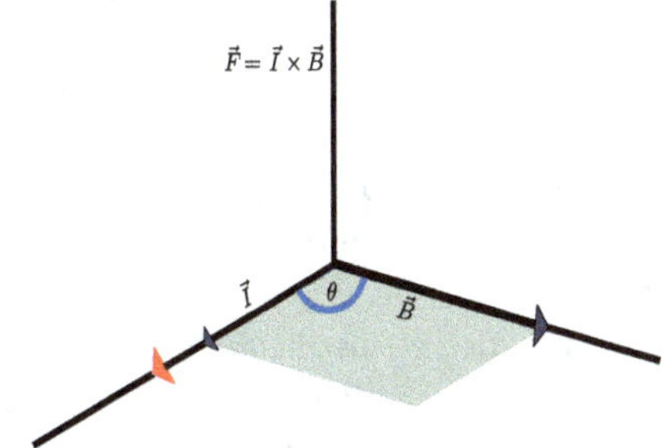

Abbildung 38: Vektormultiplikation von zwei Vektoren, hier in der 3D-Ebene dargestellt

6.1.4 Spannung im Strom führenden Leiter in einem magnetischen Feld

Wir wissen bereits, dass eine Änderung des Magnetfeldes eine Spannung in einem Leiter induziert und dadurch ein Strom in diesem zu fließen beginnt. Betrachten wir nun einen Leiter, der sich in einem Magnetfeld befindet und in dem ein Strom I fließt. Der Strom erzeugt ein Magnetfeld, das dann in Wechselwirkung mit dem umgebenden Magnetfeld steht, was wiederum eine Änderung des Magnetfeldes erzeugt. Diese Änderung des Magnetfeldes induziert dann eine Spannung in diesem Leiter mit dem Wert:

$$U_{\text{ind}} = (\mathbf{v} \times \mathbf{B}) \cdot \mathbf{l} \Rightarrow U_{ind} = v \cdot B \cdot \sin\theta \cdot l \cdot \cos\theta \qquad \text{6-8}$$

6.1.5 Drehmoment in einer stromführenden Schleife

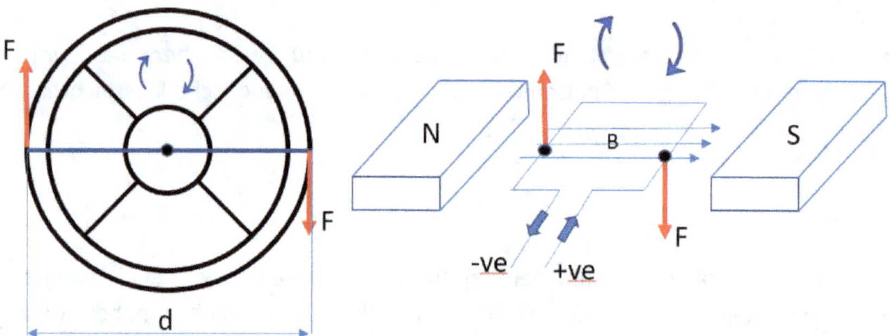

Abbildung 39: Kräftepaar in einer stromführenden Schleife in einem Magnetfeld

Wenn wir einen Strom führenden Leiter (rechteckige Form; Spule) in einem Magnetfeld wie in der Abbildung 39 dargestellt platzieren, erzeugt dieses Magnetfeld ein Drehmoment (wie in der Mechanik: z. B. beim Lenken mit einem Lenkrad, siehe Abbildung), welches eine Rotation des Leiters in diesem Magnetfeld verursacht. Stellen Sie sich dazu am Beispiel des Lenkrads, das Lenkrad einfach als einen Kreis mit einem bestimmten Durchmesser d vor.

Wenn wir nach rechts lenken (das Lenkrad im Uhrzeigersinn drehen) bringen wir auf der linken Seite des Lenkrads eine nach oben gerichtete Kraft und auf der rechten Seite eine nach unten gerichtete Kraft mit unseren Händen auf. Die Kraftvektoren stehen also entgegengesetzt. Das gleiche Prinzip wird im Fall eines Elektromotors verwendet. Hier ist der Dichtevektor (**magnetische Flussdichte B**) des umgebenden Magnetfeldes fest. Wenn sich also die Richtung des leitenden Drahtes (Vektor **L**) ändert, wird sich auch die Kraft (**F**) ändern. Wenn sich beide Leiter mit dem Magnetfeld ausrichten, heben sich die Kräfte auf. (Beispiel Lenkrad: Wenn man die Hände vom Lenkrad nimmt, richtet es sich selbst in Neutralstellung aus). Mathematisch gilt allgemein:

$$\tau = \frac{d}{2}Fsin\theta + \frac{d}{2}Fsin\theta = dFsin\theta = 2rF\,sin\,\theta \qquad \text{6-9}$$

Hier ist $\frac{d}{2}$ (= r) einfach der Hebelarm (Radius) vom Drehpunkt (Zentrum) der Leiterschleife (Kreis; im Beispiel wäre das der Mittelpunkt des Lenkrads). Wenn man nun „F" aus Gleichung 6-5 einsetzt und umstellt, erhält man eine einfache, schöne Form, die die gesamte Funktionsweise eines Elektromotors beschreiben kann. Diese folgende Gleichung beschreibt das Drehmoment (τ) einer stromführenden Spule in einem externen Magnetfeld:

$$\tau = N \cdot I \cdot A \cdot B \cdot sin\theta \qquad \text{6-10}$$

θ: Winkel zwischen Feldlinien und einer Senkrechten zur Ebene der Spule
I: Strom
A: Fläche der Spule
B: magnetische Flussdichte
N: Spulenwindungen

<u>Spannung in einer stromführenden Schleife:</u>

Um die in dieser Schleife induzierte Spannung zu erhalten, können wir der Gleichung 6-8 folgen. Nach den gleichen Prozessen können wir eine Gleichung analog zur obigen aufstellen:

$$U_{ind} = 2vBL\,sin\,\theta \qquad \text{6-11}$$

Was nach dem Umordnen ergibt:

$$U_{ind} = \Phi_{max}\omega\,sin\,\theta \qquad \text{6-12}$$

6.2 Transformatoren (Trafos)

Transformatoren sind im Grunde genommen elektrische Maschinen, die dem Prinzip der **elektromagnetischen Induktion**, genauer gesagt der **gegenseitigen Induktion** (auch: Gegeninduktion, Selbstinduktion, induktive Kopplung), folgen. Ein Transformator besteht meist aus zwei (oder auch mehreren) Spulen, die relativ nahe beieinander z. B. auf einem gemeinsamen magnetischen Kern (Eisen) angebracht sind.

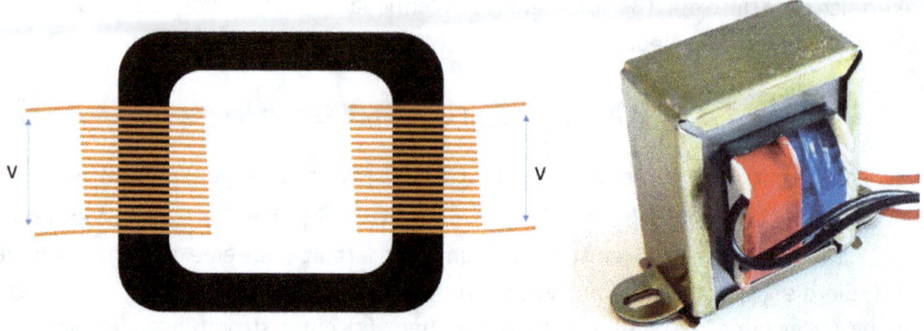

Abbildung 40: Schematisches Prinzip eines Trafos (links) und reales Beispiel eines Trafos (rechts)

In einfachen Worten funktioniert diese gegenseitige Induktion in einem Transformator (Trafo) dann folgendermaßen: Eine Wechselspannung (~) und der damit verbundene Wechselstrom erzeugt ein Magnetfeld in der Umgebung der ersten Spule (Primärseite). Dies erzeugt (induziert) wiederum eine Spannung in der zweiten Spule (Sekundärseite). Der sich ständig ändernde Wechselstrom in der ersten Spule induziert also eine Spannung in der zweiten Spule. Diese ist auch eine Wechselspannung und besitzt die gleiche Frequenz wie die erste Spannung.

Wenn wir eine Spannungsquelle U_P (primäre Seite) mit Spule eins verbinden, induziert diese also eine Spannung U_S (sekundäre Seite) in der zweiten Spule. Der Strom, den diese Spannungen erzeugen, hängt von der Induktivität (L) der Spulen und infolgedessen von der Anzahl der Windungen (N) beider Spulen ab. Man kann also sagen, dass das Verhältnis der Anzahl der Windungen zweier Spulen gleich dem Verhältnis der beiden Spannungen ist.

SPANNUNG
$$\frac{U_P}{U_S} = \frac{N_P}{N_S} = a$$
6- 13

„a" steht hierbei für die **Übersetzung** bzw. das **Übersetzungsverhältnis des Transformators**.

Die Leistung von Transformatoren kann mit Gleichung 5-2 definiert werden als:

$$P_{in} = U_p \times I_p \cos\varphi \text{ und } Q_{in} = U_p \times I_p \sin\varphi$$
$$P_{out} = U_s \times I_s \cos\varphi \text{ und } Q_{out} = U_s \times I_s \sin\varphi$$
6-14

Da die Leistung in beiden Spulen des Transformators gleich ist, gilt:

$$P_{in} = P_{out} \Rightarrow U_P \cdot I_P = U_S \cdot I_S$$
6- 15

6.3 Gleichstrom-Maschinen (Gleichstrommotor)

Wenn wir eine Gleichstromquelle an der rechteckigen Spule aus Abbildung 39 anschließen, beginnt Strom (I) zu fließen. Der Fluss dieses Gleichstroms in dieser rechteckigen Spule, die sich in einem Magnetfeld befindet, induziert auf beiden Seiten ein Kraftpaar. Da diese Kraft nun eine 180 Grad Umdrehung der Spule hervorruft, verschiebt sich bei gleicher Polarität der Klemmenspannung die Richtung des Kraftpaares. In Abbildung 39 erzeugt die +ve-Klemme eine nach unten gerichtete Kraft und die -ve-Klemme eine nach oben gerichtete Kraft. Wenn wir also diese Klemmen, wie in Abbildung 41 dargestellt, vertauschen und erneut die Rechte-Hand-Regel anwenden, verschiebt diese Umkehrung des Stroms die Richtung der Kraft. Aufgrund dieser Verschiebung erreicht der Motor nach Abschluss dieses 180 Grad Zyklus einen Gleichgewichtszustand (wie in $\sum \tau = 0$; denken sie daran, was passiert, wenn Sie das Lenkrad loslassen), und dreht sich nicht weiter.

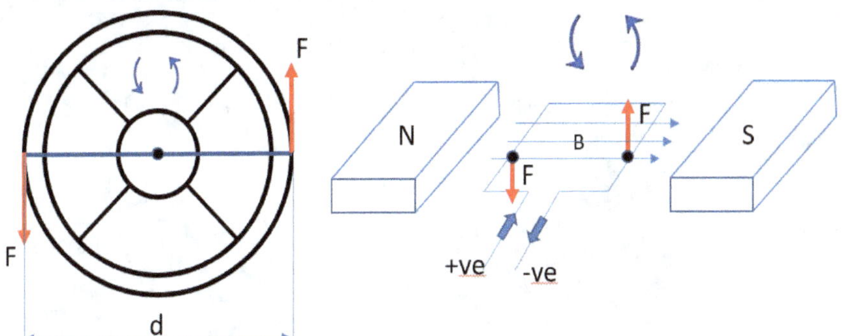

Abbildung 41: Zeigt Abbildung 39 nach einer 180 Grad Drehung der Spule in einem Magnetfeld. Die Verschiebung der Klemmenspannung verschiebt die Richtung der Kraft.

Um dieses Problem zu lösen, wird eine ausgeklügelte Konstruktion namens **Kommutator** verwendet. Für die kontinuierliche Bewegung eines Gleichstrommotors benötigen wir nämlich ein Bauteil, das automatisch die positive und negative Spannung der angeschlossenen Gleichstromversorgung vertauscht. Das haben wir im vorherigen Absatz bereits erkannt. Der **Kommutator** ist einfach ein Bauteil, das eine Poländerung im rotierenden Teil (**Rotor**) erzeugt. Das geschieht mittels Bürsten (**Kohlebürsten**), die als feste Kontakte angeschlossen sind und auf einem Ring schleifen, der zwei Unterbrechungen hat. Es ist also im Grund nichts anderes als ein Bauteil, das den Stromfluss zeitweise unterbricht.

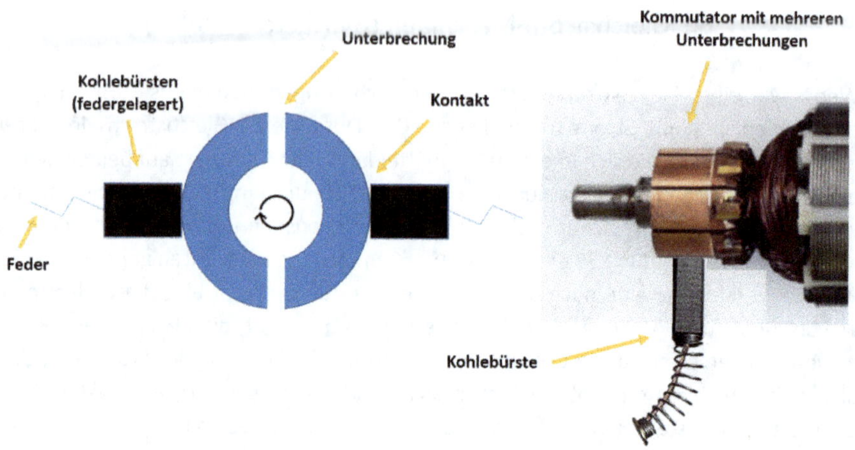

Abbildung 42: Kommutator (links: schematisch, rechts: real) eines Gleichstrommotors

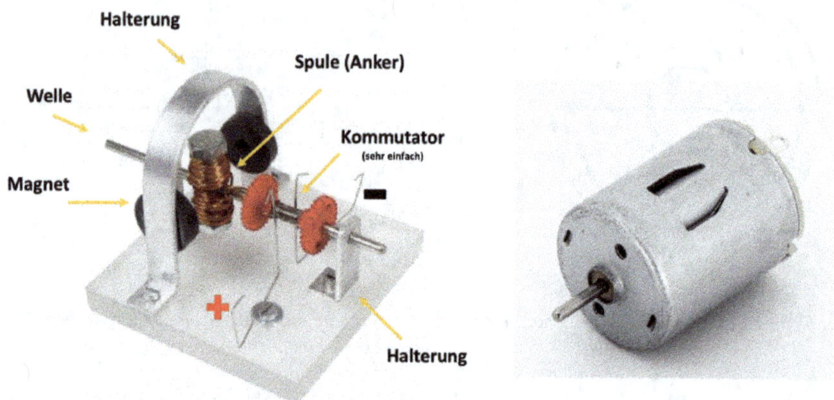

Abbildung 43: Gleichstrom-Elektromotor (links: schematisch, rechts: real)

Diese Abbildungen beziehen sich nur auf zweipolige Maschinen, was physikalisch einfach nur bedeutet, dass es nur zwei Schlitze im Motor gibt, in denen Schleifen gewickelt werden. Das kann man sich folgendermaßen vorstellen. Nehmen Sie z. B. einen Kupferdraht und wickeln Sie diesen um zwei Stäbe. Beginnen Sie die Wicklung am ersten Stab und beenden Sie die Wicklung am zweiten Stab. Wir könnten den Draht aber auch um drei Stäbe wickeln, dazu mit dem ersten beginnen, etwas Kupfer auf den Zweiten wickeln und die Wicklung dann auf dem Dritten enden lassen. Die Struktur eines Elektromotors enthält Schlitze (anstatt der Stäbe), in denen diese Wicklungen gewickelt werden. Diese Wicklungen werden allgemein als **Ankerwicklungen** bezeichnet. Die Ankerwicklung ist im sogenannten **Rotor** angebracht, der das rotierende Teil des E-Motors darstellt. Eine **Welle**, die an diesem Rotor dann befestigt werden kann, dient dem Abtrieb, d. h. der Nutzung dieser mechanischen Energie für verschiedene Zwecke. Bei einer Bohrmaschine wäre aus mechanischer Sicht hier z. B. das Bohrfutter angeschlossen, in welchem wiederum ein Bohrer eingespannt werden kann, der sich dann dreht. Neben einer zweipoligen Struktur gibt es, wie vorhin erwähnt, nun nicht nur zweipolige Motoren, sondern auch dreipolige. Bei einer dreipoligen Maschine würden wir im Gegensatz zum Schema des Kommutators (linke Seite in Abbildung 42) hier drei Schlitze oder Unterbrechungen im Kommutator vorfinden. Eine dreipolige Gleichstrommaschine wird häufig verwendet und viele einfache Motoren sind oft bereits dreipolig.

Manchmal wird anstelle des im Kern befindlichen Permanentmagneten (**Stator**), auch eine Wicklung / Spule eingebaut. Diese Feldwicklung / Spule verhält sich wie ein Elektromagnet und liefert somit ein umgebendes Magnetfeld an diesen Strom führenden Leiter. Der Motor mit Permanentmagnet wird allgemein als Permanentmagnet-Gleichstrommotor (PMDC) und der mit Feldwicklung, also einer Spule im Kern, als elektromagnetischer Motor bezeichnet.

6.3.1 Analyse von Schaltungen mit Gleichstrommotoren

Das Lösen von Schaltungen mit Gleichstrommotoren (DC-Motoren) ist relativ einfach, da sie bekanntlich nur einen Rotor und einen Stator enthalten. Schaltungen mit Permanentmagnet-Gleichstrommotoren (Magnet im Kern) sind nicht so komplex, da das Magnetfeld des Permanentmagneten konstant ist und somit als einfache Konstante behandelt werden kann. Um das Drehmoment und die Geschwindigkeit eines solchen Gleichstrommotors zu variieren, können wir einfach den Strom in der Feldwicklung beeinflussen / ändern. Die Ersatzschaltung des Rotors enthält eine einfache Spannung (U_R), und dessen Widerstand (R_R) – und der Feldteil enthält den Widerstand (R_F) und die Induktivität (L_F).

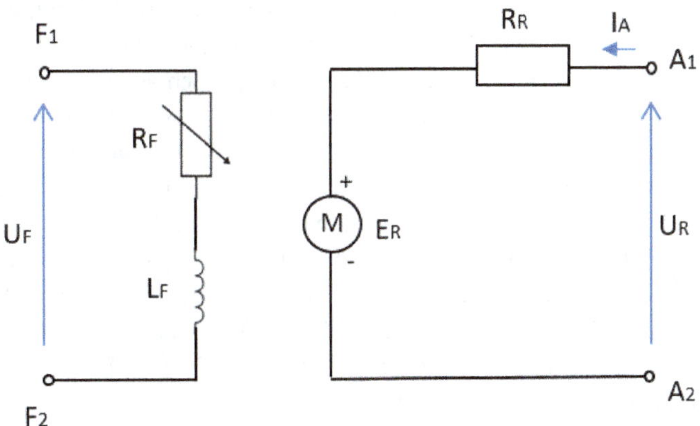

Abbildung 44: Gleichstrom-Motor

Die Klemmenspannungen lassen sich leicht durch KVL lösen. Die Spannung U_R ist hier, wie wir aus Gleichung 6-8 wissen, einfach die an der Spule induzierte Spannung. Diese Gleichung kann in eine Winkelgeschwindigkeitsform umgewandelt werden als:

aus Gleichung 6-8:

$$U_A = vBl = r\omega Bl = rlB \cdot \omega = AB \cdot \omega \qquad 6\text{-}17$$

aus Gleichung 6-7:

$$U_A = \Phi\omega$$

Das Drehmoment kann auf die gleiche Weise wie aus Gleichung 6-6 abgeleitet werden als:

aus Gleichung 6-6:

$$\tau = rI_A lB = rlB \cdot I_A = AB \cdot I_A \qquad 6\text{-}18$$

$$\tau = \Phi I_A$$

Auf die gleiche Weise können wir die Leistung eines Gleichstrommotors (ähnlich der Leistung eines Verbrennungsmotors in „PS") definieren als:

$$P = \frac{W}{t} = \frac{Fd}{t} \qquad 6\text{-}19$$

$$v = \frac{d}{t} = r\omega \;\Rightarrow$$

$$P = \frac{\frac{\tau}{r} \cdot (vt)}{t} = \frac{\tau}{r} \cdot (v) = \frac{\tau}{r} \cdot (r\omega)$$

$$\rightarrow P = \tau\omega$$

6.4 Wechselstrom-Maschinen (Wechselstrom-Motoren)

6.4.1 Grundlagen zu Wechselstrom-Motoren

Wir wissen bereits, dass ein Magnetfeld eine Kraft bzw. ein Drehmoment in einer stromdurchflossenen Schleife induziert. Werfen wir noch einmal einen Blick auf Abbildung 39, hier ist die Kraft auf den linken Leiter der Schleife nach oben gerichtet, weil der Nordpol des Permanentmagneten nicht mit dem Magnetfeld des stromführenden Leiters ausgerichtet ist. Da zwei gleiche Pole einander zugewandt sind, stoßen sich diese ab, was ein Drehmoment im Leiter erzeugt. Dieses Drehmoment bewegt dann den linken Leiter der Schleife in Richtung des Südpols des Permanentmagneten. In dieser Position (Abbildung 41), in welcher der Nordpol des Leiters dem Südpol zugewandt ist, erreicht die Schleife ein Gleichgewicht und die Bewegung stoppt ($\sum \tau = 0$). Daraus haben wir geschlossen, dass nach einer 180 Grad Umdrehung die Bewegung des Motors stoppt (Abbildung 41), da sich bei einer Stromänderung auch die Kräfte ändern.

<u>Zusammenfassend</u> können wir sagen, dass das Magnetfeld des Leiters (**Rotor**) immer versucht, sich mit dem Magnetfeld des externen Magneten (**Stator**) abzustimmen. Man

könnte auch sagen, dass der Nord- bzw. Südpol des Rotors immer dem Süd- bzw. Nordpol des Stators folgt.

Um dieses Problem zu lösen, wird in Gleichstrommaschinen der Kommutator verwendet, der die Stromrichtung nach jeder 180 Grad Umdrehung der Schleife umkehrt. Das kennen wir bereits. Nun gibt es aber auch einen anderen Fall, bei dem die Notwendigkeit eines Kommutators nicht gegeben ist. Nämlich dann, wenn wir es auf irgendeine Weise ermöglichen können, das Magnetfeld des Stators zu drehen. Dann wird der Rotor ihm ständig folgen und die Drehbewegung wird nicht aufhören.

6.4.2 Das rotierende Magnetfeld

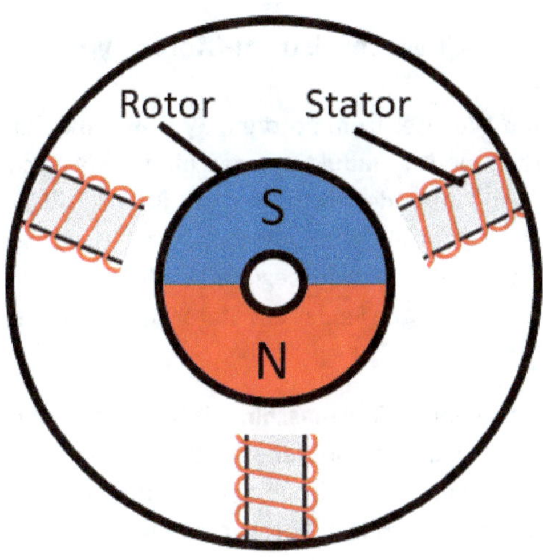

Abbildung 45: Einen Elektromotor mit Wechselstrom betreiben

In den vorhergegangenen Abschnitten haben wir gelernt, dass wenn wir Gleichstrom durch die Wicklungen des Stators leiten, ein Drehmoment in der Schleife induziert wird, welches ohne Kommutator nur für eine 180 Grad Umdrehung besteht. Wenn wir nun aber Wechselstrom statt Gleichstrom hineinfließen lassen, variiert die Größe des elektromagnetischen Feldes sinusförmig, was bedeutet, dass sich in einem Zyklus, der Nord- und der Südpol abwechselt, wenn die Sinuswelle von der positiven zur negativen Spitze wandert („Berg und Tal"). Nach einer 180 Grad Umdrehung vertauscht das elektromagnetische Feld des Stators unter Wechselstrom die Pole und somit verschieben sich auch die Kräfte, die auf den Rotor wirken. Um die Pole zu tauschen, benötigen wir hier unter Wechselstrom also kein spezielles Bauteil wie einen

Kommutator, da die Eigenschaft des Wechselstroms dieses Bauteil gewissermaßen ersetzt und die Kräfte selbst verschiebt.

Aufgrund der sinusförmigen Natur beschleunigt der Motor im ersten halben Viertelzyklus und im zweiten Viertel verlangsamt er sich dann wieder (Sinuswelle). Um dies zu umgehen, können wir dreiphasigen-Wechselstrom verwenden. Im dreiphasigen System haben wir, wie wir bereits wissen, eine Verschiebung von 120 Grad in jeder Phase, und wenn wir diese Phasen nun mit einem Abstand von 60 Grad zueinander fixieren (360 Grad / 6 = 60 Grad), so ändert sich die Richtung dieses Magnetfeldes, die Größe jedoch nicht. Bei dreiphasigem Wechselstrom ändert sich zwar die Richtung des Magnetfeldes (es rotiert), seine Größe aber bleibt gleich. Die Addition der Magnetfelder von den drei Strömen des dreiphasigen Systems in verschiedenen Positionen würde diesen Effekt auch mathematisch beweisen. Auf diesen Beweis werden wir hier aber verzichten.

6.4.3 Wechselstrom-Motor-Typen

Es gibt zwei Arten von Wechselstrommotoren: **Synchronmaschine** (oder synchroner Wechselstrommotor) und **Induktionsmaschine** (asynchron). Bei der **Synchronmaschine (SM)** laufen der Stator und der Rotor (in Bezug auf das Drehfeld) synchron. Wenn die Magnetfelder des Rotors (erzeugt von der stromführenden Schleife) und des Stators interagieren, beginnt der Rotor mit der „Verfolgung" des elektromagnetischen dreiphasigen Feldes des Stators und holt es schließlich wieder ein (Synchronisierung).

Die andere Variante ist die **Induktionsmaschine (IM)**. In Synchronmaschinen haben wir zwei Magnetfelder, eines stammt von der stromführenden Schleife (Rotor) und das andere von der dreiphasigen-Wechselspannung (Stator). In der Induktionsmaschine hingegen wird der elektrische Strom im Rotor vom Magnetfeld der Statorspule erzeugt (induziert). Sehen wir uns das noch etwas genauer an. Wir kennen mittlerweile bereits das Konzept der gegenseitigen Induktion und die Lenz'sche Regel. Wenn wir nun dreiphasigen-Wechselstrom an die Statorwicklungen des Induktionsmotors anlegen, induziert dies eine Spannung in der zweiten Spule (Rotorspule). Anstatt also ein spezielles magnetisches Feld durch angelegten Strom im Rotor zu erzeugen, wie es bei Synchronmaschinen der Fall ist, induziert der Stator hier einfach einen Teil seiner Energie in den Rotor und erzeugt somit den Strom im Rotor. Dieses vom Stator induzierte Magnetfeld des Rotors wirkt immer entgegengesetzt zum Magnetfeld des Stators (Lenz'sche Regel) und erzeugt so letztlich den gleichen Effekt wie ein Synchronmotor. Der Unterschied ist nur, dass der Rotor hier nie das rotierende Magnetfeld des Stators einholt und somit immer ein sogenannter **Schlupf** zwischen ihnen besteht. Der Schlupf zeigt hier einfach den Geschwindigkeitsunterschied von Rotor und Stator an. Der Schlupf von Synchronmaschinen hingegen ist immer gleich null, also nicht vorhanden.

Warum dreiphasig?

Wenn wir einen Induktionsmotor mit einphasigem Wechselstrom betreiben würden, würde er aufgrund dieses Schlupfs einen Fehler produzieren und nach einigen Umdrehungen stoppen. Die Bewegung des Motors stoppt, wenn sich das Magnetfeld des Rotors mit dem des Stators ausrichtet. Der Schlupf schafft hier früher oder später ein Problem in der Magnetfeldausrichtung. Um dies zu lösen, verwenden wir dreiphasigen-Wechselstrom. Wir können auch zweiphasigen-Wechselstrom verwenden, wobei jede Phase 180 Grad auseinander und 90 Grad entfernt ist (360 Grad / 4 = 90 Grad). Wenn die Spule in diesem Fall vertikal platziert ist, wird die Spule vom horizontalen Phasenanteil angezogen, wenn wir den Motor einschalten. Die Position des Rotors spielt also keine Rolle, eine Phase zieht ihn immer an (siehe Abbildung 46).

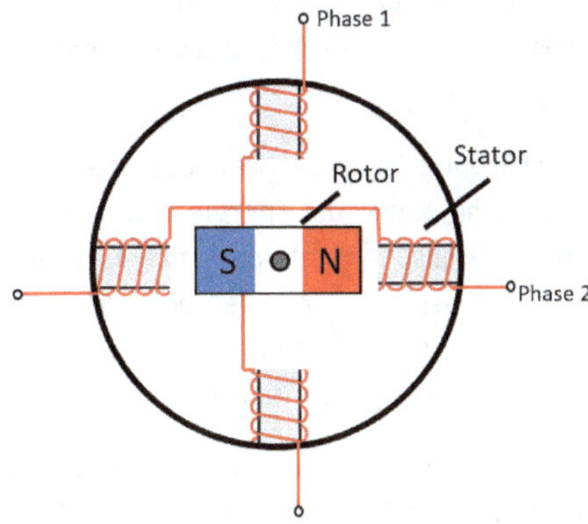

Abbildung 46: Die Position des Magneten (Rotor) spielt keine Rolle, eine Wicklung zieht ihn immer an

Wie geht es dennoch einphasig?

Ein einfacher Deckenventilator kann z. B. mit einphasigem Wechselstrom arbeiten, da er einen Kondensator enthält (normalerweise 2,5 µF). Wenn dieser Kondensator defekt ist, werden Sie feststellen, dass der Ventilator nicht automatisch startet. Kondensatoren erzeugen hier nämlich einfach eine Phasenverschiebung von 90 Grad und erschaffen so in gewisser Weise einen zweiphasigen Zustand bei diesem einphasigen Ventilator. Jede Phase ist in diesem Fall also um 90 Grad voneinander getrennt (Abbildung 46) und der Motor kann von selbst anlaufen. Die Mathematik der Wechselstrom-Maschinen würde den Rahmen dieses Buches sprengen, aber es gibt eine wichtige Gleichung, die man kennen sollte. Diese Gleichung setzt die Frequenz von Wechselstrom mit der Geschwindigkeit in Beziehung. Wenn wir die Wechselstromfrequenz erhöhen, bewegen sich die Rotoren schneller (da nun mehr 360 Grad Umdrehungen in einem Zyklus stattfinden – bei 50Hz sind es z. B. 50):

$$Rotorgeschwindigkeit = \frac{120 \times \text{Frequenz Stator (AC)}}{Polanzahl\ in\ der\ Maschine} \cdot (1 - Schlupf) \qquad 6\text{-}20$$

7 Erneuerbare Energien

Energie ist ein Grundbedürfnis für das Wachstum und den Erhalt einer Zivilisation, da Arbeit Energie erfordert. Der weltweite Stromverbrauch für das Jahr 2014 betrug ca. 726,6 MWh. Fast 60 % dieser Energie wurde aus fossilen Brennstoffen erzeugt, was zu einem gesamten CO_2-Fußabdruck von ungefähr 35,25 Milliarden Tonnen führt. Diese Menge an Kohlendioxid trägt zur globalen Klimakrise bei und kann zu einem Temperaturanstieg führen, der die Gletscher weiter schmelzen lässt und den Spiegel der Weltmeere erhöht. Der Abbau der Ozonschicht lässt eine höhere UV-Strahlung in die Erdatmosphäre, was eine erhöhte Gesundheitsgefahr (Hautkrebs, usw.) für uns Menschen darstellt. Es ist anzunehmen, dass die Weltbevölkerung bis zum Jahr 2050 auf ca. 10 Milliarden Menschen anwachsen wird. Je mehr Menschen und je komplexer unsere Technik, desto mehr Strom und Energie benötigen wir. Ein großes Angebot an **grüner Energie** ist aus den oben genannten Gründen sowohl für die Umwelt als auch für uns Menschen wichtig.

Aufgrund wirtschaftlicher Gründe ist es schwer, die Energiegewinnung aus fossilen Brennstoffen einfach zu eliminieren, da Energie heute ein integraler Bestandteil unserer fortschreitenden Gesellschaft ist und die bestehende Erzeugerstruktur komplett umgestellt werden müsste. Wir müssen dennoch immer bessere Methoden im Sinne von erneuerbaren Energiequellen finden, um weitere Auswirkungen auf die Umwelt und unsere Zukunft so gering wie möglich zu halten.

In diesem Kapitel werden wir zwei der bekannteren erneuerbaren Energien, nämlich Photovoltaik-Anlagen und Windkraftanlagen zur Stromerzeugung behandeln. Es gibt auch noch andere erneuerbare Energiequellen, wie Wasserkraftanlagen, Wasserstoff-Brennstoffzellen, Biomasse und Geothermie. Aber abgesehen von der Wasserkraft, haben diese Methoden Effizienz-Probleme und andere Schwierigkeiten. Einige von Ihnen, wie z. B. die Geothermie, funktionieren nur in bestimmten Gebieten mit heißen Quellen. Daher werden wir uns in diesem Kapitel nur mit den zwei populärsten erneuerbaren Energien beschäftigen, die uns in großem Maßstab bei der Minimierung der Kohlenstoffemission helfen können.

7.1 PV-Anlagen – Photovoltaik

Die Bestrahlungsstärke (Einheit: W/m^2) ist das Maß für die Sonneneinstrahlung, die pro Flächeneinheit entgegengenommen wird. Verschiedene Regionen auf der Erde haben unterschiedliche Bestrahlungsstärken (siehe Abbildung 48). PV-Anlagen lohnen sich vor allem in Regionen mit mittlerer bis hoher Bestrahlungsstärke, um eine maximale Effizienz in der Stromerzeugung zu erzielen.

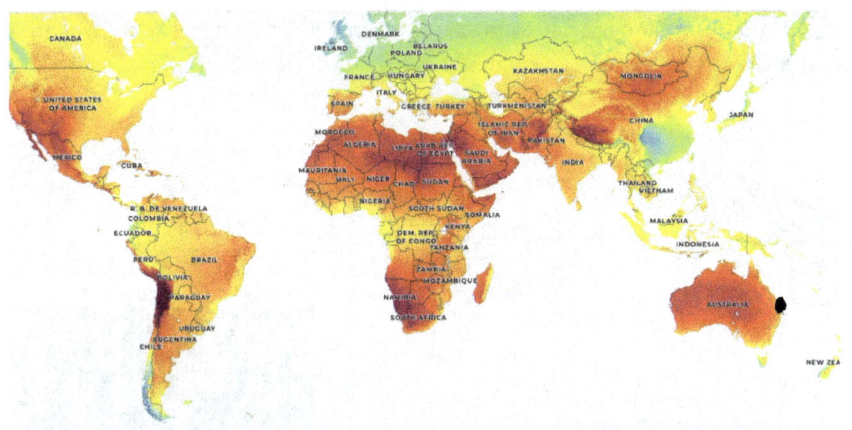

Abbildung 48: Bestrahlungsstärke auf einer Weltkarte (Quelle: www.globalsolaratlas.info)

Aus Abbildung 48 geht hervor, dass die Erde an einem Tag maximal 7,4 kWh/m2 Einstrahlung erhält. Der maximale Wirkungsgrad von Solarmodulen im Jahr 2021 beträgt ca. 19 %, was zu fast 1,41 kWh Energie pro Quadratmeter an einem Tag führen würde.

Wie funktioniert Photovoltaik? Woher kommt der Strom?

Photovoltaik-Module bestehen meist aus Silizium. Wenn nun Sonnenlicht auf eine solche Photovoltaikzelle (siehe Abbildung 49) trifft, wird diese Energie, die das Sonnenlicht mit sich bringt, in der Zelle in elektrischen Strom umgewandelt. Der Hintergrund oder das Grundprinzip dafür nennt sich „**Photoelektrischer Effekt**".

Dieser Effekt beschreibt den Lösungsvorgang von Elektronen aus einer Halbleiteroberfläche (auch Metalloberfläche möglich) unter Lichteinfall (**Photonen**). Elektronen werden also herausgelöst und aufgrund einer speziellen Dotierung des Halbleiterelements weitertransportiert.

Die erzeugte elektrische Spannung (Gleichspannung) kann dann an den Anschlüssen der Photovoltaik-Anlage abgegriffen werden. Um diese Spannung zu nutzen, benötigt man dann noch einen Wechselrichter, der diese Gleichspannung in Wechselspannung umwandelt, damit man den „erzeugten" Strom in das Stromnetz einspeisen kann.

PV-System-Entwurf:

Eine **Photovoltaik-Zelle** besteht aus kristallinem Silizium, welches Lichtenergie in ein Elektron-Loch-Paar umwandelt und dadurch 0,5 V erzeugt. Eine Spannung von 18 V erhält man, wenn man diese Zelle 36-mal in Reihe schaltet. Dieses Paar von 36 Zellen wird als **Modul** bezeichnet. Um die Spannung weiter zu erhöhen, bildet die Kombination von Modulen in Reihe einen sogenannten **PV-String**. Und diese

Kombination von Strings wiederum bildet einen **PV-Array**, den wir z. B. dann auf unserem Hausdach installieren können.

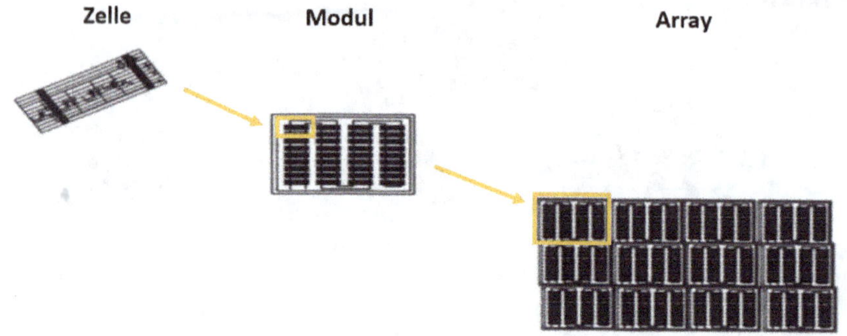

Abbildung 49: Der Aufbau eines Photovoltaik-Arrays

Jedes einzelne **PV-Modul** hat einen maximalen Leistungspunkt (wie ein Modul mit konstanten 18V). Wenn der Kurzschlussstrom bei 0 V gleich I_{sc} und die Leerlaufspannung bei 0 A gleich V_{oc} ist, liegt die maximale Leistung dazwischen. Wenn wir den Strom über 0 A erhöhen, nimmt die Spannung V_{oc} zu, und auf die gleiche Weise sinkt bei Erhöhung der Spannung über 0 V der Strom I_{sc}. Der zentrale **optimale Punkt**, an dem das Produkt aus beiden Werten den maximalen Wert ergibt, wird als **Punkt maximaler Leistung „Maximum PowerPoint"** (P_{MPP}) bezeichnet.

$$P_{mpp} = U_{mpp} \cdot I_{mpp} = FF \cdot U_{oc} \cdot I_{sc} \qquad \text{7-1}$$

Hier ist FF (Füllfaktor) eine Konstante für eine PV-Zelle, die beschreibt, wie hoch der Wirkungsgrad eines PV-Moduls ist.

<u>**Muster-Beispiel 5**</u>

Entwerfen Sie ein PV-System für ein Haus, das 10 kW bei 220 V, 50 Hz einphasigem Wechselstrom benötigt. U_{mpp} und I_{mpp} der PV-Panele sind 54 V und 3 A.

Hier werden wir den Eingang von den Solarmodulen nehmen und ihn in den Wechselrichter einspeisen. Wechselrichter nehmen die Gleichstromversorgung (U_{DC}) auf und wandeln sie durch schnelles Umschalten der Gleichstrompolarität in Wechselstrom (U_{AC}) um. Die Gleichung für die Ausgangsspannung des Wechselrichters lautet:

$$U_{AC} = \frac{U_{DC}}{\sqrt{2}} \cdot 0,9 \Rightarrow U_{DC} = \frac{220}{0,9} \cdot \sqrt{2} = 345,7\ V$$

Um diese 345 Volt aus Solarzellen zu erhalten, benötigen wir:

$$\text{Modulanzahl} = \frac{345\,V}{54\,V} = 6,4 \approx 7 \text{ Module}$$

Dabei kann jedes Modul 54 Volt erzeugen. In Reihe geschaltet erzeugen diese sieben Module:

$$\text{Spannung} = 7 \cdot 54\,V = 378\,V \overset{\text{macht}}{\Longrightarrow} \text{Leistung} = 378\,V \cdot I_{mpp}$$
$$= 378\,V \cdot 3\,A = 1134\,W$$

Um die geforderte Leistung von 10 kW zu erreichen, benötigen wir also:

$$\text{Anzahl PV-Strings} = \frac{10\,000\,W}{1134\,W} = 8,8 \approx 9$$

Hier können wir also zwei PV-Arrays mit 5 PV-Strings verwenden:

$$\textbf{Array-Leistung} = \mathbf{5 \cdot 2 \cdot 1134\,W \rightarrow 11,34\,kW \textbf{ Gesamtleistung}}$$

7.2 Windkraftanlagen – Windturbinen

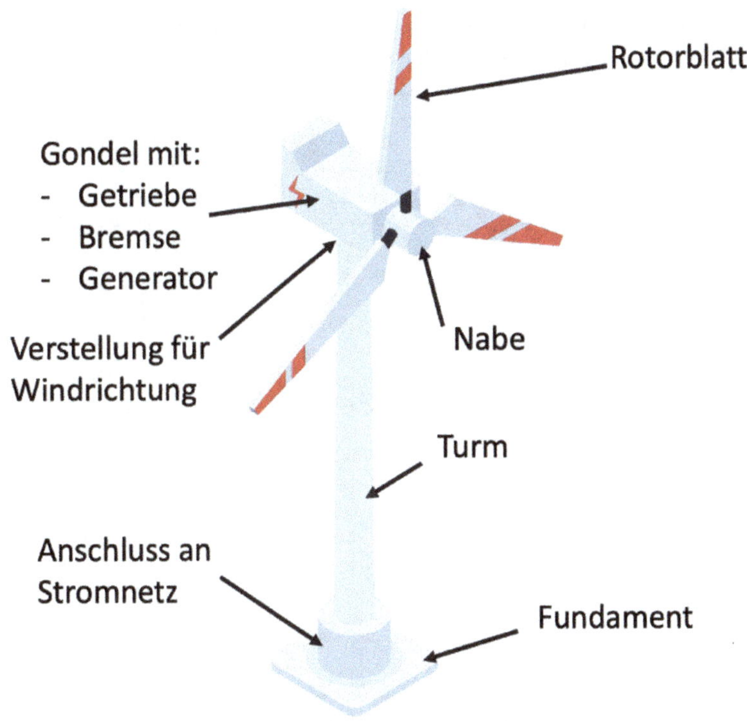

Abbildung 52: Schematischer Aufbau einer Windkraftanlage

Windturbinen verwenden **Synchrongeneratoren**, bei denen die vom Wind erzeugte Energie den Rotor des Generators dreht und dieser eine Spannung im Stator induziert. Das **Getriebe** erhöht die Rotationsgeschwindigkeit des Generatorrotors.

Da der Radius des Rotors des Generators im Inneren kleiner ist als die **Turbinenblätter**, ist bei der Konstruktion der Turbine eine korrekte Berechnung der Verzahnung erforderlich, um das Gesamtdrehmoment gleich zu halten. Da der Wind in verschiedene Richtungen weht, verwenden moderne Turbinen eine Pitch- und Gierbewegungssteuerung. Die Pitch-Bewegung in Turbinen gilt für die Schaufeln und die Gierbewegung für die gesamte Turbine (einschließlich Generator und Getriebe). Andere Teile der Turbine sind für das Gehäuse, den Wetterschutz, die Geschwindigkeitskontrolle wichtig, aber nicht essentiell für den funktionalen Betrieb der Windturbine.

Um die von der Windturbine erzeugte Spannung zu berechnen, müssen wir das Übersetzungsverhältnis beachten. Wenn wir wollen, dass ein Generator achtmal schneller läuft, als die Blätter, müssen wir ein Übersetzungsverhältnis von 1 : 8 konstruieren, in dem wir 4 Blattzahnräder und 48 Generatorzahnräder haben. Normalerweise arbeiten Generatoren in Windturbinen mit einer Geschwindigkeit von 120 U/min. Wenn sich nun der Rotor dreht, erzeugt er in der Turbine Strom, der dann zur Verteilung ins Stromnetz übertragen wird. Wie bereits beim Elektromotor angemerkt, ist der Generator von der Bauweise nicht wirklich unterschiedlich.

Anhang A: Simulationssoftware & CAD Software für die Elektronik

Computergestützte Entwürfe (CAD) und Simulationen sind in der modernen Technik wichtig, da sie eine bessere Vorstellung von einem Problem vermitteln und dabei helfen, die Effizienz zu steigern. Mit speziell für elektrotechnische Anwendungen ausgelegter CAD-Software zeichnen Ingenieure Diagramme und Schaltpläne von elektrischen Netzwerken. Simulationen geben auch eine bessere Vorstellung von der Schaltung, und anstatt sie physisch zu entwerfen, können wir mit Hilfe von Simulationen unsere Ressourcen (Geld und Zeit) sparen. Elektrische Simulationssoftware ist interaktiv und kann uns dabei helfen, Lösungen für Problemstellungen einfacher zu finden. Wenn wir eine Idee für eine neue Anwendung haben, ist die grundlegende mathematische Struktur dieses Problems die Voraussetzung. So wie die Ingenieure die Mathematik ihrer Modelle entwickeln, verwenden die Entwickler sie in ihren Modellen für interaktive Simulationen. Im Folgenden finden Sie ein paar hilfreiche Software-Tools, die Sie sich gerne einmal näher ansehen können:

- **Multisim/Proteus:** Für Lösungen von elektronischen und eingebetteten Schaltungen. Genau wie praktische Werkzeuge verfügen diese Simulationssoftwares über Werkzeuge wie Oszilloskop, Funktionsgenerator und Multimeter zur Visualisierung.

- **Visio/Edraw und Max/AutoCAD elektrisch:** CAD-Software für elektrische Modelldarstellungen.

- **Eagle/Altium Designer:** Für professionelles PCB-Design

- **MATLAB/Mathematica:** Für die mathematische Lösung von Problemen. MATLAB hat auch eine eingebaute Erweiterung namens Simulink, die bei elektrischen Simulationen sehr nützlich ist. Abgesehen von einfachen mathematischen Lösungen ist MATLAB eine weitreichende Software, mit der wir fast alles machen können: Signalanalyse, Energiesysteme, Elektronik, Energiemanagement, Ingenieurökonomie und sogar Robotik. Mathematica ist ebenfalls eine umfangreiche Software und eignet sich besonders gut für rein mathematische Lösungen.

- **ETAP:** Für die Auslegung von Stromversorgungssystemen, Fehlersuche und Lastmanagement.

Für die Schaltungen in diesem Buch wurde die Software **EveryCircuit (online)** verwendet. Googeln Sie gerne einmal danach und probieren Sie diese Software aus!

Anhang B: Eine kurze Einführung zur Verwendung eines Arduino

Arduino ist ein häufig verwendeter Mikrocontroller. Mikrocontroller sind komplexe, programmierbare Geräte zur Steuerung mit einfachen Anweisungen. Mit einem Mikrocontroller können wir ein einfaches System mit einem einfachen Befehlssatz steuern. Der Arduino-Compiler interpretiert die Programmiersprachen Python und CPP in binäre Maschinensprache und lädt diese Anweisungen in den Mikrocontroller. Der Arduino wird allgemein als Mikrocontroller bezeichnet, ist aber selbst kein Mikrocontroller. Er ist eine Zusammensetzung aus verschiedener Elektronik mit einem Mikrocontroller. Normalerweise ist der in Arduino verwendete Mikrocontroller ein 8-Bit Atmel AT-mega. Das macht Arduino zu einem interaktiven und komfortablen Mikrocontroller.

Für mehr Details zum Umgang mit einem Arduino und einer Schritt-für-Schritt-Anleitung empfehle ich mein Buch "Arduino Schritt für Schritt":

Schlusswort

Sehr gut! Sie haben es geschafft, Sie haben den Einsteiger-Kurs durchgearbeitet. Herzlichen Glückwunsch!

In diesem Buch habe ich versucht, Ihnen das Grundwissen der Elektrotechnik und Elektronik einfach erklärt näherzubringen. Ich hoffe, dass mir das einigermaßen gelungen ist und Ihnen dieses Buch eine gut verständliche und praktische Einführung in die Welt der Elektrotechnik gebracht hat!

Das Ziel dieses Buches war es, Ihnen näherzubringen, wie uns Elektrotechnik im Alltag begleitet und welche grundlegenden Prinzipien dabei ablaufen. Es sollte ein Buch sein, das ein Verständnis für elektrotechnische Schaltungen und auch ein Verständnis für die wichtigsten Bauteile (z. B. Widerstand, Transformator, Kondensator, Diode, usw.) in der Elektrotechnik bzw. Elektronik vermittelt.

Wir haben uns in diesem Buch zudem mit den Grundlagen der Gleichstromtechnik und Wechselstromtechnik, deren physikalischen Hintergründe und vielem mehr befasst!

Mit diesem Grundkurs sollten Sie nun alles wissen, was Sie als Anfänger über die Welt der Elektrotechnik und Elektronik! Natürlich ist es sinnvoll an diesem Punkt nicht aufzuhören und sich vielmehr mit einem Buch für Fortgeschrittene zu befassen, um noch mehr über das spannende Thema der Elektrotechnik zu lernen. Falls Sie jedoch nichts mit diesem Gebiet anfangen können (vielleicht sind sie mehr mechanisch veranlagt) haben Sie zumindest die Grundlagen nun einmal gehört!

Zusammen haben wir in diesem Kurs in jedem Fall einiges geschafft! Seien Sie zu Recht stolz auf sich, wenn Sie bis zum Ende gekommen sind!

Wenn Ihnen dieses Buch gefallen hat, würde ich mich sehr freuen, wenn Sie mir eine Bewertung und ein kurzes Feedback hinterlassen, sowie das Buch weiterempfehlen! Vielen herzlichen Dank!

Bücher zu Themen, die Ihnen auch gefallen könnten

Alle Bücher sind auf den gängigen Verkaufsplattformen online zu erhalten. Suchen Sie am besten einfach nach dem Titel oder besuchen Sie gerne meine Autorenseite. Einige der Bücher sind unter Umständen noch nicht erschienen und werden erst demnächst erscheinen bzw. zu finden sein. Werfen Sie einen Blick in die Bücher Ihrer Wahl und holen Sie sich diese als E-Books oder Taschenbücher nach Hause!

3D-Druck:

CAD, FEM, CAM (3D-Objekt-Erstellung, Konstruktion, Simulation):

Elektrotechnik:

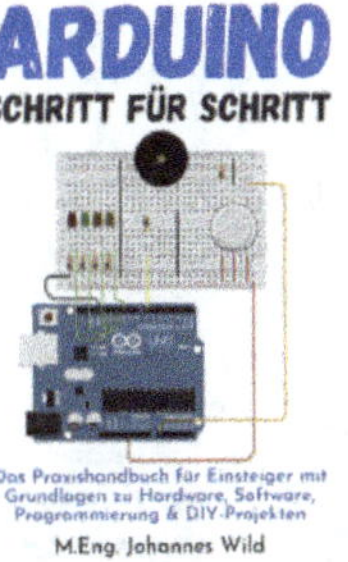

Programmierung und andere Software:

Zu einigen von diesen Büchern gibt es auch identische Videokurse:

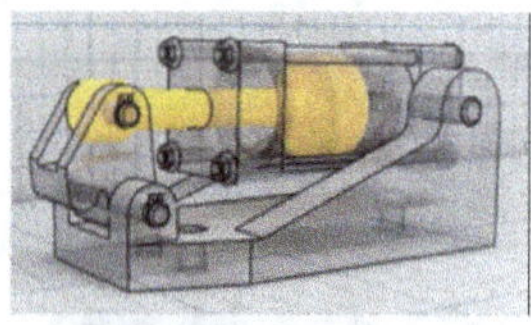

CAD Schritt für Schritt | KONSTRUKTION FÜR EINSTEIGER
Der ANFÄNGER PRAXISGUIDE zum Erstellen von 3D-Objekten mit KOSTENLOSER CAD SOFTWARE für den 3D-Druck und vieles mehr!
M.Eng. Johannes Wild
4,5 ★★★★½ (30)
1,5 Std. gesamt • 15 Lektionen • Anfänger
Bestseller

Fusion 360 Schritt für Schritt | CAD, FEM & CAM für Anfänger
Der Praxisguide für AUTODESK FUSION 360! Konstruktion, Simulation, Fertigung und mehr von einem Ingenieur lernen.
M.Eng. Johannes Wild
4,3 ★★★★½ (20)
3,5 Std. gesamt • 24 Lektionen • Anfänger

3D-Druck Schritt für Schritt | Hard- & Software All-in-One
Der Praxisguide für Einsteiger. Einfach erklärt für einen Sofort-Start in die Welt des 3D-Drucks! | 2020 Version |
M.Eng. Johannes Wild
4,0 ★★★★☆ (48)
1,5 Std. gesamt • 20 Lektionen • Anfänger

...

Zum Erwerb haben Sie die Wahl zwischen meiner eigenen Website:

www.3ddruckworkshop.de

Mit dem folgenden persönlichen Rabattcode erhalten Sie hier 50% Rabatt auf den regulären Kaufpreis der Videokurse als Dankeschön und Käufer eines meiner Bücher:

XPJN8765BSH

oder der Lernplattform „Udemy":

Suchen Sie auf www.udemy.com nach meinem Namen: M.Eng. Johannes Wild oder nutzen Sie folgenden Link:

www.udemy.com/courses/search/?src=ukw&q=m.eng.+johannes+wild

Schreiben Sie sich noch heute ein und vertiefen Sie Ihr Wissen!

Impressum des Autors / Herausgebers

© 2023

Johannes Wild
c/o RA Matutis
Berliner Straße 57
14467 Potsdam
Deutschland

E-Mail: 3dtech@gmx.de
Kontakt bevorzugt per Mail!

Dieses Werk ist urheberrechtlich geschützt

9 783949 804724